JN4439787

남부시 4

세상의 발자국 소리

문충성 외

남부시 4

세상의 발자국 소리

지은이 문충성 외
펴낸이 최명자

펴낸곳 책펴냄열린시
주소 48932 부산광역시 중구 동광길 11, 203호
전화 010 4236 3648
출판등록번호 제1999-000002호
출판등록일 1991년 2월 4일

인쇄일 2017년 1월 18일
발행일 2017년 1월 20일

값 15,000원

ISBN 978-89-87458-99-1 03810

• 이 책은 필진들의 분담금으로 제작되었습니다.

국립중앙도서관 출판예정도서목록(CIP)

세상의 발자국 소리 / 지은이: 문충성 외. -- 부산 : 책펴냄열린시, 2017
p. ; cm. -- (제3시선 ; 12)

ISBN 978-89-87458-99-1 03810 : ₩15000

한국 현대시[韓國現代詩]

811.7-KDC6
895.715-DDC23 CIP2016032023

남부시 4

'남부시 4'를 내면서

정권의 입김을 벗어나지 못하고 죽어버린 언론과 정권의 시중이나 들고 있는 검찰이 정의롭다고 누가 생각하고 있을까? 그른 것을 옳은 것이라고 항변하는 곡학아세하는 학자들이 기득권 층에 손을 들어주고 있는 작금의 모습들은 어쩌면 1990년대보다 훨씬 뒤쳐져있다는 느낌을 지울 수가 없다. 그리고 이민 가고 싶은 젊은 세대들의 처연한 마음이 이해되기도 한다.

1990년대는 그래도 희망이 있었다. 정의로움을 다시 세우고자하는 담론들이 시민들의 호응을 얻고 많은 사람들이 전면에 나서서 일할 때 친일과 친미론자들은 감히 자신의 소신을 지금처럼 펼칠 수 있는 여건이 아니란 걸 알고 있었다. 그들은 물밑에 숨어 들었다. 사회가 혼란한 것은 정리되지 못한 과거사 때문이라 공감한 민주 인사들은 다시 한번 더 친일부왜의 과거사 정리를 하고자 했으나 결국 이뤄지지 못했다. 기득권을 잃지 않으려는 친일 세력의 후예들이 보수언론과 수구학자들을 동원하여 온갖 회유와 공작을 통해 방해하였기 때문이다. 정리되지 못한 과거사는 비단 친일 뿐만 아니다. 작금의 국기문란 사건들이 발생하게 된 원인은

독재 권력하에서 하수인 노릇을 하던 무리들이 화해를 부르짖으며 비굴한 태도로 일시적으로 고개 숙이고 들었기에 그들을 단죄하지 못하고 쉽게 용서해 준 것이 오히려 독화살이 되어 되돌아 온 것은 아니었을까. 수구보수론자들이 집권을 하자 기다렸다는 듯이 맨 먼저 언론을 장악한 뒤 역사를 거스르는 행동을 서슴치 않았고 분단을 고착화 시키려는 논리를 펼치게 되었다. 그들은 개성공단을 폐쇄하고 역사교과서마저 자신들의 입맛대로 바꾸고자하는 패악질을 지켜보아야 하는 참담한 현실이 일어났다. 그것들이 결국 오늘날 대통령의 국정농단 사태를 바라보게 만들었다. 능력없는 지도자가 권력을 사유물화하여 국정을 농단하고 급기야는 사리사욕을 채우는 일당들에게 이용 당하는 치욕을 맛보아야 했다. 청와대를 성형외과 쯤으로 착각한 여성 대통령은 여성을 폄훼하는 사고를 유발하기에 오늘의 이 사태가 더더욱 참담할 뿐이다.

세상이 혼돈에 빠질수록 문학인은 시대정신을 요구받지 않을 수 없다. 그것은 시대를 앞서 살아야 하는 것이 문학인의 생리가 아니겠는가. 2014년 4월 〈남부시〉는 세 번째 〈그 눈망울의 배후〉를 발간하였고 영호남시인대회를 준비하던 중 안타깝게도 세월호가 침몰되어 수많은 학생들과 더불어 많은 희생자가 발생하여 행사를 치루지 못하게 되었다. 3집에서 우리는 남부 지역 시인들의 성숙된 시세계를 통해 시대 상황을 엮어 내었고, 아울러 외연의 확대를 꾀하여 우리 시문학의 새로운 지표를 제시하였다. 이제 해결되지 못한 세월호와 사드배치 문제, 역사교과서의 국정화에 따른 반민족적 행위들이 정당한 행위인양 자행되고 있고 블랙 리스트라 불리우는 암흑의 칼날이 표현의 자유를 겁박하는 행위 등 대통령의 권력 사유화와 뇌물 공여죄에 따른 탄핵절차가 이행되고 있는 불완전한 이 땅에서 이제 네 번째 〈남부시〉를 상재한다.

그리고 3집에서 밝혔듯이 어느 한 지역이 경제적 부담을 갖게 하는 것보다 참여하는 시인이 부담을 나누어 갖자는데 편집위원 및 동료 시인들이 의견을 함께 해 주셨고, 발간 후 지리산 인근에서 함께 자리할 수 있는 기회를 다시 마련하기로 하였다.

이번 편집은 기존의 방식인 아닌 원고 접수순을 취

하였다. 남부시를 사랑하는 마음이야 다 같겠지만 우리는 더 나은 남부시를 위해 서로 협의하고 존중해 가는 풍토로 어느 지역이 중심이 아닌 각 지역이 대등한 수평적 관계를 복원하려는 처음의 마음을 견지하려 한다.

청탁과 원고 수합과정에서 나타나는 여러 의견들과 배치되는 행동들 속에서 지역문학운동을 펼쳐나간다는 것이 우리들 자생력과 자존심을 지키는 일이라는 걸 새삼스럽게 깨닫게 되었다. 보다 폭 넓은 공감대 확산을 위하여 남부지역에 속하기를 망설이거나 주저하는 시인들이 무엇을 생각할까를 짚어본다. 물론 남부에 포함된다는 사실이 부담스럽기도 하거니와 제작비를 부담해야 하는 일에 자존심이 상할 수도 있을 것이다. 그럼에도 불구하고 좋은 원고를 보내 주신 남부지역 시인들이 있음에 위안을 가짐과 동시에 남부시의 홀로서기와 남부에 서 있다는 존재가치를 스스로에게 부여하고 깃발 하나를 의연하게 꽂아 펄럭이게 하는 오늘의 일에서 우리 지역 문학의 무궁한 발전에 대한 희망을 보았다. (강영환)

2017. 1 부산에서

세상의 발자국 소리

문 충 성

하얀 날 외 1편

개쑥부쟁이
보랏빛
그늘
미는

바람 소리
녹아나는
늦가을

꽃물결
하얗게
이는
소리
자욱한
자갈밭

눕고
싶어
허리

펴고
눈
감고

내 꿈속에

내 꿈속에
보라색 벚꽃 진다
천지가 보라색이다
그 보라색 속에 보라색으로
내가 있다
아!
보라색으로
나풀나풀
보라색 벚꽃 진다
내 꿈속에

문충성/제주. 1938년 제주시 출생. 1977년 『문학과지성』 등단. 시집으로 『제주 바다』, 『허공』, 『백 년 동안 내리는 눈』, 『허물어 버린 집』, 『마지막 사랑 노래』 등 다수. mcs2449@hanmail.net

김 수 우

소리의 오후 외 1편

배추시장에서 소리를 팔고 있었다 삼천 원어치 샀다

칠이 다 벗겨진 자전거에 고구마처럼 팔리는 소리를
샀다

일톤 트럭에서 팔리는 바다 소리도 한 다발 샀다

집에 돌아오니 세상이 고요하다

소리 속에 얼마나 늙은 적막이 들어있었던가

이방인이 되어보아야 안다

적막 속에서 살아가는 뜨거운 음성들이

매일 쌀을 씻어 밥을 안치고 있음을

설거지를 하고나서 산그림자를 닦고 있음을

고고한 대답

법당 마루를 가로지르는 한 분 사슴풍뎅이

뿔을 八字로 받쳐들고 투명한 햇살을 건너는 중

두고온 것들, 두고갈 것들이 벼랑인듯

돌아보고 주춤거리다가 고요히 한 발 내딛는다

골똘하다 기억한다 예감한다 믿는다

한 걸음 걸음이 출발이고 도착이다

한 물음 물음이 가깝고 멀다

김수우/부산. 1995년 《시와시학》 등단. 시집으로 『붉은 사하라』 『몰락경전』등이 있고, 『쿠바, 춤추는 악어』외 산문집 다수. 2005년 부산작가상 수상, 부산 원도심서 글쓰기공동체 〈백년어서원〉 운영.

soowoo59@hanmail.net

김 요 아 킴

그가 궁금했다 외 1편

바람이 시장 들머리를 지켜온 포플러 나뭇가지에 이별의 소식을 떨어뜨리고, 그의 흰색 런닝에 싸늘한 구멍을 만들었다. 카바이트 불빛이 연신 어둠을 밀어내려 안간힘을 쓰는 사이, 그는 알맞은 크기의 옷을 디자인하였다. 살아온 생의 부피가 비록 아랫배로 쉬는 숨의 크기보다 적었지만, 불에 잘 담금된 무쇠솥의 견고함이 이내 그를 지탱시켜 주었다. 먼 바다에서 건너와 피로로 방치된 열 개의 다리엔 옒은 반죽이 재빠르게 입혀졌고, 맛있게 익어가는 소리가 그의 짠한 소문처럼 퍼져나갔다.

언젠가 프레스에 날려먹은 그의 새끼손가락만한 슬픔은 북적이는 손님으로 자취를 감춰버리고, 가난한 팔십 년대 언저리 한 자취생의 일용할 한 끼 양식이 되었다. 저녁 6시 푹신하게 누운 소파에 걸려든 한 프로에 희끗한 머리를 흩날리는 그가 나타났고, 대를 잇는다는 문구가 화면보다 크게 비쳐왔다.

그의 흔적이 조바심처럼 궁금했다.

현대사를 엿보다

노인은 연신 노래를 불렀다

삼팔선에서 금순이로 불효자처럼 우는 듯
지하철의 진동에 리듬을 탔다

태극기 선명하게 박힌 모자와
바지는 모두 구겨진 흰색이었다

끈 풀린 운동화의 뒤축이
그의 생을 추적하기에 알맞았다

국제시장이 얼마 남지 않은 내내
앉았다 일어서기를 반복했다

낡은 육신을 받쳐 줄 유일한 증거는
그의 까만 우산뿐이었다

불쾌한 목소리에 묻어나는 짜증은
옆자리의 무관심을 도모하기에 충분했다

군가처럼 반동에 맞춰, 다시
월남에서 돌아온 김상사를 찾았다

엄습하는 한 무리들에 휩쓸려, 결국
그가 출입구에서 쓰러졌다

서투른 말투로 손을 건네는, 마침
피부색 까만 한 청년이 있었다

서둘러 내리려는 나의 동공 속으로
정밀하게 그 장면이 녹화되었다

노인은 연신 노래를 불렀고
그의 종착지는 알 수 없었다

김요아킴/부산. 2003년 《시의나라》와 2010년 《문학청춘》신인상으로 등단. 시집 『가야산 호랑이』 외 3권. 산문집 『야구, 21개의 생을 말하다』. 청소년 문예지 《푸른글터》 편집주간. kjhchds@hanmail.net

전 홍 준

수컷 외 1편

소주 몇 잔에 돼지비계 안주로 하루를 마감하는
일흔 둘의 빌라 경비원 김팔도씨
퇴근해 샤워를 하다 뇌경색의 방문을 받았다
이제는 좀 쉬라고 병이 브레이크를 살짝 밟은 것이다.

겨우 한글만 깨치고
단추공장의 공원으로, 화물차 조수로, 월남전 때는
운전병으로, 미군부대 씨레이션상자 빼돌려
아오자이 치마 밑을 풀방구리에 쥐 드나들 듯 하던
호시절도 있었다.

새벽종이 울리면 부랄 요령소리 나도록 일터로 달렸고
마누라 식당 안 보내고 삼남매 대학 시킨
압축성장의 차돌 같은 사내도
세월의 태풍을 맞고는 뒤뚱거리는 오리가 된다.

치료 후
간절히 집에 오고 싶었던 김팔도씨
가족대책회의 결정에 따라

죽음이란 짐승이 열어주지 않고는 나올 수없는
요양병원에 유폐되었다.

무리에게 쫓겨나
세렝게티 초원을 배회하는
이빨 빠진 늙은 숫사자 같이.

옷고름 길

쪼잔한 사내가 친 금줄아래
숨비 소리로 살다가
계명봉 오솔길에

삭은 봉분으로 누운
여인이여

오늘은 사부작사부작 봄비가
위로인양
흰 옷고름을 적신다.

전홍준/부산. 경남의령 출생. 2001년《자유문학》등단. 시집으로는『마당을 쓸면서』외 3권. joon04@hanmail.net

김 석 주

하늘의 소리 외 1편

바보처럼 너무 그렇게
애태우지 말고
너무 그렇게 슬퍼하거나 절망하지 말고
너무 그렇게 좋아하지도, 말라하시네
괜찮다 하시네
가진 것이 없고, 별난 재주도 없고
완력의 힘도, 배운 것도 없고
번뜩이는 주변머리도, 불통의 배짱도
모사謀士의 그 얄팍한 수완이 없어도
아직은 괜찮은 것이라며
귀향의 그 꿈 하나만 가지고도
얼마든지 행복하고, 잘 살 수 있는 것이니
너무 그렇게 미워하지 말고
너무 그렇게 아파하거나
바보처럼 분노하지도 말고
너무 그렇게 좌절하지 말라고 소리치시네
그래도 살아야하는 것
사람답게 살다 가야하는 것이라고

심봉사의 절망처럼

볼 수 없어서가 아니었다
불쌍한 아내, 청이 엄마를 멀리 떠나보내고
젖동냥으로 외동딸을 키우면서
속울음 참 많이도 울었지만
하나뿐인 피붙이가 벙글벙글 커가는 모습
그 속재미가 없었던 것도 아니었다
그런 청이를 잃고, 심봉사 한양으로 가는 길에
후처로 들인 뺑덕어멈
그 몹쓸 것이 젊은 황봉사와 야밤도주를 해버리니
한양 천리, 그 머나 먼 곳을 어찌 찾아가야할지
그런 걱정 때문만도 아니었다
더듬더듬 삼복더위, 그 시원한 개울물 소리에
심 봉사, 의관일체를 벗어놓고 목욕을 하고 보니
옷가지 모두가 사라져버린 것이었고, 그 못된 것들
그들의 어리석음에 심봉사의 절망이 있었던 것이고
지금까지도 이어지고 있다는 것이다
뺑덕어멈과 그 고얀 것들, 그들을 오히려 안타까워했던
심봉사, 그 피눈물의 심정처럼
지금도 그런 것이다. 저들이 너무 애처롭다는 것이다

그때 그 심봉사의 절망처럼

김석주/부산. 1986년 《시의 길》 1집으로 작품활동. 시집으로 『조선고추』, 『아버지와 꿈』, 『함성』 등. namhe55@hanmail.net

안 성 길

어머니의 꽃가마 외 1편

손두부 장수 쇠종소리에 통금 풀리는 첫새벽이면 으레
생골을 파던 숙취 얼음 든 장판이 제 먼저 내 몸 두
들기고
아직 컴컴한 바깥에선 더 단단하고 껌껌한 몸들
단숨에 각성냥 불꽃송이로 핫핫 달아오르던 네가 있어
아름다웠던 그 시절에는 발 딛는 곳마다 사막인 담
쟁이처럼
막막했지 먼 들녘에선 계절을 가리지 않고 장대비 퍼
붓고
사방 죄어오던 물안개보다 더 낮게 몸 구부려 다리
아래 삼삼오오
웅크린 채 석쇠를 지글거리는 가리비 돼지고기 깡소
주로 버티던
자취방 불쑥 들이닥쳐서는 남은 번개탄으로 아궁이
덥히고
윗목에다 꽃가마 같은 밥상 차려놓고 말없이 가시던
어머니 언젠가 꽃가마 타고 시집가는 화면 보시며
이쁘고나 이쁘고나 나도 갈 때는
저그 타고 가고 싶고나 하셨지만

교동 옛집 슬레이트 천장 지그시 덮고
생쌀 한 줌 머금고 한 마디 유언도 없이 가셨다 몇
해 지나
어느 가을 방어진 어머니 유해 수습해 놓은 산길
첫새벽 이슬 머금은 낡은 세단 얼핏 꽃가마 같았다
유서도 없이
타다 만 번개탄과 지문이 거의 뭉개진 두 손 고요히
접고
쉬는 그를 보며 오래오래 시대를 앓으며 흘린 내 눈
물이 얼마나
부끄러웠던지 온몸으로 살아 저렇듯 고즈넉해지는
것이 진실로
아름다운 일인지 그러나 대개의 생은 꽃가마를 허락지
않는다 그러나 구절양장을 끝까지 밀고 간 어머니는
소원처럼
저 번개탄처럼 스스로를 불 질러
꽃가마 타신 건지도….

달천동 코스모스
–제초작업

너희에겐 노류장화였거니
조선의 가인 옥봉이며 난설헌처럼
너희 눈에는 가슴 저며 낸 저 시문 피 터지는 살점들이
보이지 않느냐 먹먹한 세월 문 두들기고 두들기던 시퍼런 멍 자국들이
공 디딜 때마다 자죽자죽 번져 나오던 거역의 몸부림이
정녕 들리지 않는 것이냐 이슬 머금은 봉오리며 앙가슴마다 빼곡한 별들이
길가 콘크리트 뚫고 어눌한 몸 열어젖히고
조물주가 첫 번째로 창조한 순결한 얼굴로 온 우주 노래하는데
너희는 하늘거리는 몸에 지분내만 더듬더니 오늘은
각지고 모난 구석마다 일제히 유려하고 둥글게 아예 백고로
박박 밀고 들어오는 제초기 톱날
죽어라 끈덕지게 물고 늘어지는 풀 비린내
마초 같은 주먹질에 썰물처럼 밀려간 자리에 아아

시인 이옥봉이 피투성이 알몸으로 잠들었네
허난설헌이 무릎 세우고 곁을 지키네.

안성길/울산. 울산 강정 출생. 1987년 무크지 『지평』 시선집과 『민족과 지역』 등단. 시집에는 『빛나는 고난』, 『아직도 나는 직선이 아름답다』, 『말희의 사랑』 등. 현재, 〈시밥〉 동인. ansg0196@hanmail,net

이 보 우

누구를 탓하랴 외 1편

반동가리
땅 하늘아래
물 방울 튀기기도 겁난다

백두산 아랫마을
다섯번의 흔들림
어디에도 송곳 세울 곳 없고

땅이 갈라지듯
남부의 마음도 갈라지고
멍든 민초들만 가슴이 탄다.

호루라기 소리

사이렌 소리에
지진 대비 훈련을 받던 날
통제관
호루라기 불며
대피하라는 수신호에도
휴대폰만 멀뚱이 본다
갈 길 먼
우리들의 불감증
소잃고 외양간 고친다지만
단층 위에 선 우린 어디로 갈까?

이보우/부산. 92년《시세계》등단. 시집『목어는 새벽을깨우네』외 2권.
현, 감천문화마을 관음정사 주지. musan-lee@hanmail.net

신　진

찬 김영란시讚金英蘭詩 외 1편

탐날시, 다 떨어진 가을에 홀로 남은 까치밥 같이
정치正治 잃은 정치의 마른 가지 끝 열매
공리를 잃은 관리의 마지막 턱이 고운 길표지
언로를 잃은 언론이 마지막 주워드는 펜촉 같이나 반짝일시

출세의 언어와 비만의 언어가 춤을 출 때
인맥이 기회가 되고 파벌이 벼슬이 되어
보는 게 임자, 점령하고 거머쥐기로 날을 샐 때
시를 잃은 시로詩路에 빛나는 등을 달아 온
밥딜런Bob Dylan이 노벨상을 콧수염 깎듯 대하듯
법령의 탈을 쓰고 논란의 너울로 가린 자그마한 처녀
김영란 법은 김영란 시

법이 죽어간 땅에서는 사소한 법도 거대한 법전이 되네

대통령이 사기를 치고, 똑똑한 것들이
여두목 바짓가랑이를 놓지 않고 늘어지는 꼬락서니
걷어찰 만큼

아직은 크지 못하고 벼리지 못하였으나
비만의 언어, 바람잡이 언어들이 해쳐놓은 황무지에서는
법령이 시가 될시, 노래가 문학이 될시
혼숙이 젊음의 표상이 되고 이별이 최대의 슬픔이 될 때
하늘을 나는 포탄 대신 새의 길, 바람의 길 따라온 딜런의 노래
죽는 생명이 아깝고 산 생명이 사랑스러운 그 노래 듣지 못하고
잡지를 발간하고 선집을 발행하고 사화집을 출판하고
시인들이 으쓱거릴 때
전장처럼 붉게 물들이며 시의 황무지에 비를 내리네

땅의 말 생명의 살을 써레질하면서 오는
자그마한 처녀가 내리는 비 김영란 법
작은 말들이 큰 시가 될시
아으, 다 떨어진 가을에 홀로 남은 빰 붉은 까치밥 같이 탐날시
가을 들길에 피어도 서리 못 내릴 김영란 시여

병신년 만추의 거리에서

이 가을 나는
만추의 은행나무 자욱한 낙엽에 한눈팔지 않겠습니다.
도심의 뒷골목 뒤집어진 하수도 내, 코를 막지 않겠습니다
인부들의 해머드릴에 짜증내지 않겠습니다
도도도도도도, 꽁무니에 매캐한 연기 달고 달리는
배달 소년의 곡예에 놀라지 않고 욕을 해대지 않겠습니다
힐끔힐끔 남의 눈치를 보며 담배연기 쏟아내는
노인의 해소기침도 걱정하지 않겠습니다
아아, 사람을 속이고 나라를 팔아먹는 연놈들이 뻔뻔하게시리
매일같이 다시 나라 걱정을 합니다, 또 국민 걱정을 합니다
이 가을에 나는 걱정합니다
국가의 심장에 트럭 갖다 대고 전 국민의 폐장에 매연을 쏟아넣고
다시 높은 줄 위에 올라 음란한 표정을 짓고 그네를 타는

연놈들의 저의를
변명을 듣느니 해머드릴 소리 들으며 잠을 자겠습니다
낯짝을 보느니 담배 피고 술 먹고 일찍 가버리겠습니다
지금 드릴을 들고 떨고 있는
인부인들 그따위 대통령질 하라면 못할까요?
배달소년인들 그따위 사기치고 도망 다니지 못할까요?
뒷골목 수채인들, 오토바이 매연인들, 연놈들의 속만 못할까요?
아니, 이 병신년의 가을에 나는 그 따위 분개도 접겠습니다
인부들의 손에서 해머드릴이 떠나지 않고
배달 소년이 오토바이 곡예라도 하며 살기를 빌겠습니다
은행나무 낯빛에 한 눈 팔기나 하고 길거리 환경이나 탓하고
드릴 소리에 몸을 떨며 오토바이에 소리치던
쪼잔한 나를, 좀스런 나를 거두겠습니다

나아가 세상의 해머드릴이 다 나와
연놈들의 낟가리를 뒤집어엎기를
세상의 오토바이 소년들이 다 나와서
땃땃하고 떳떳한 자장면 배달에 성공하기를 빌겠습니다
피자도 군만두도 무사하길 빌겠습니다.
민중은 권력을 얻으려는 자의 하느님이지만
권력을 얻은 자에게는 종이 되나 봅니다
밥이 되고 버러지가 되나 봅니다
이 가을 나는
은행나무 노오란 낯빛에 경탄하지도 동정하지도 않겠습니다
오토바이 소년이 뿌리고 가는
자장면 냄새를 좇겠습니다

신 진辛進/부산. 74년 『시문학』지 첫추천. 시집으로 『멀리뛰기』 등 8권. 논저로『한국시의 이론』 등 9권. 창작동화 『낙타가시꽃의 탈출』. 시문학상, 봉생문화상, 부산시문화상 외 수상. forest5018@hanmail.net

김 선 희

뼈, 빛을 발하다 외 1편

그대 하얀 뼈를 보았는가
어제 웃던 그 사람이 몇 개의 뼈로 돌아왔다
뼈들은 무슨 말을 하고 싶을까
천 마디 말 보다 뼈로 보인 그의 진실 앞에
우리도 그저 하얀 뼈로 남을 것을 안다
뼈를 앞에 두고 무엇을 생각하겠는가
세상 모든 것들 뒤편에 흰 뼈를 간직하고 있다
달콤한 웃음이 밑바닥에 뼈를 숨기고 있다
삶의 적막한 숨소리가 몇 개의
뼛조각을 의지하고 있다
고달픈 일상이 뼈의 진실에 위로 받고 있다
눈물도 없이 뼈들 하얗게 빛나고 있다
그대 하얀 뼈를 보고 있는가
우리의 미래가 적나라하게 드러나 있다
무수한 뼈를 밟고 걸어가고 있는
맨살의 몸뚱이들
속 깊은 한 개의 뼈로 일어선다

모란의 저녁

모란이 없어졌다 누가 모란을 잘랐을까 나는 묻지 않기로 한다 모란 옆에 치자나무도 있다 장미도 있다 모란은 하얗고 싸늘하게 잘려있다 자줏빛 기억들이 꽃잎을 더듬고 있다 개화기를 잃어버린 어둠 속 뿌리는 고요하다 하나의 묵은 가지가 잘릴 때, 나는 바람처럼 거리를 떠돌았다 모란은 거기 있었고 손을 뻗으면 걸어와 내 팔에 안겼다 모란 밑에서 시인을 떠올렸고 모란은 내게 넘쳐흘렀다

누가 모란을 잘랐을까 모란은 이제 이야기 하지 않는다 어떤 얼굴도 가질 수 없는 모란의 저녁이 담벼락 아래 쓸쓸하다 모란은 왜 잘렸을까, 나는 묻지 않는다 싸늘한 단면만이 모란의 지금을 보여주고 있다 모란은 잘리고 모란은 잊혀가고 시계도 가고 지구도 돌고,

김선희/부산. 1991년《문학세계》로 등단. 시집『달빛 그릇』외, 6권. 산문집『내 마음속에 잠자는 그리움이 있다』외 2권.
kshee812@hanmail.net

이 월 춘

모과에서 은행잎까지 외 1편

참새떼 날갯짓 속에

노랗게 물드는 은행잎 사연이 있고

모과향 짙어가는 곡절이 있겠지

세상만사

저절로 깊어지는 마음이 어디 있나

석류

보아라
파랗디파란 우리나라 가을 하늘
그 마음과 가장 잘 어울리는 건
바알갛게 익은 석류 두어 알

폴 발레리가 지상至上의 이마라 불러
지성知性의 머리가 된 석류알

정지용은 홍보석의 슬픔이라 노래해
그리움과 시름의 무지개가 되었지

지난 계절 쟁여둔 말 못할 사연들
내 가슴 속 석류가 터지면서
가을이 익어간다

이월춘/진해. 1986년 무크 『지평』과 시집 『칠판지우개를 들고』, 시집 『감나무 맹자』 외 다섯 권, 문학에세이 『모산만필』, 편저 『벚꽃 피는 마을』 외 한 권, 경남문학상, 김달진문학제 월하진해문학상 등.
mosan145@hanmail.net

김 시 월

햇살 속으로 외 1편

아카시아 꽃잎을 날리는 하굣길
철길은 굴렁쇠 굴리며 양조장 담장 뒤로
냇물처럼 따라 왔다
염소들이 버스회수권과 바꿔 먹은 복숭화
가려운 겨드랑이 사이로
방과 후 햇살은 뛰어다니며
잔디밭에서 비늘을 번뜩거렸다
적기 뱃머리 긴 고동소리가
빈혈의 수위를 한층 높이고
허리를 감싸 안은 공장 굴뚝이
레코드 가게에서 여객선을 탔다
유행가 가사가 애절하게 흘러나오고
이층 창문을 활짝 연 찻집에서
출렁이는 바다를 한없이 안아주고 있었다
어깨를 부딪치며 키득거리던
성창합판을 칠판 삼아 바라보며
우리는 꼭 쥔 손을 놓아 버렸다
썬탠한 검은 눈동자가 노을을 보며 선채로 깜박 졸았다
마중 나온 어둔 골목이 앞장서서 달아나고 있었다

여치의 꿈

하늘은 맑고 깊은 일급수
어름치가 산골 풍경을 산란한다
노추산이 오장폭포와 고개를 넘으며
정선의 아리랑 슬픔을 흩뿌린다
구절리역이 코끝이 붉어지고
레일바이크 아우라지까지
한숨 돌리며 날개 추스린다
'여치의 꿈' 카페는 하늘 나는 꿈을 정비한다
송천이 골지천에 어우러져
여송정 노래로 흘러 구슬프다
암수 여치가 서로 사랑을 나누는 사이
산은 푸른 장막을 치고
바람은 오가며 망을 본다

김시월/부산. 98년도 〈국제신문〉 신춘문예 등단. 시집 『햇살을 동냥하다』외 다수. ksy48@hanmail.net

김 완

e-편한 세상이 되었는가

5.18 유적지 27번째 광천동 성당을 간다
공동 세면장 공동 변소 2평 남짓한 곳
광주항쟁 당시 투사일보를 인쇄했다는
들불야학 칠열사의 역사를 듣는다
함께 햇빛을 나누고 함께 비를 맞으려는
사람살이가 거대하고 깊은 울림을 준다
빛바래고 칠 벗겨진 낡은 아파트
먼 물결의 끝에서 내지르는 신음소리가
역사의 거대한 물결이 되었구나
시민아파트의 삶을 전해 듣고 나오는 길
골목길 건너 대림건설의 e-편한 세상
아파트가 우리를 빤히 내려다보고 있다
집이 사람보다 크면 사람이 상한다는데
5.18 광주민주화운동 36주년
e-편한 세상이 되었는가 자문해본다
골목이 꺾이는 길모퉁이에서 뒤돌아보면
우리를 지켜주는 어머니의 손 같고
친구의 손 같은 칠열사의 손들이 보인다

시월詩月

태풍 차가가 찾아온 밤, 현대 시작법이란 책을 옆에 두고 한 시인의 시집을 읽는다 오랜만에 낙숫물 소리를 들으며 시간을 되돌아본다 5.18 민주화의 산증인 조비오 신부가 선종했다 통일을 염원하던 이호철 소설가도 타계하여 남북이 하나 되길 소원하던 '직녀에게'의 시인 문병란 선생의 묘소 옆에 묻혔다 동갑내기 시인의 아들이 가난 때문에 한밤중 화재로 죽었다 26세 젊은 청년의 죽음을 애통해하며 밤길에 G 시인과 함께 해남을 다녀왔다 괴물 같은 자본주의의 현실을 증오 할 수밖에 없구나? 독재자 아비에게 쫓겨나고 딸에게 살해당한* 백남기 농민의 사망진단서를 두고 벌이는 검찰과 법원과 이 정부의 몰염치를 어찌해야 하나? 외인사가 아니고 병사라고 우기는 S 의대 신경외과 백모 교수의 비양심적 소신을 뭐라고 해야 하나? '선배님들께 의사의 길을 묻습니다'는 후배들의 소리와 '의과대 후배들의 부름에 답한다'는 선배 의사들, '우리가 백남기다'라는 이들이 있어 그나마 위안이 된다 손바닥으로 하늘을 가리려는 행위들, '위록 지마'라 할 때 '네'라고 설설 기던 놈들, 가까운 곳에도 독버섯처럼 화려한 색

깔로 포장하여 개인의 영달을 위해 공공병원을 사유화하는 의사들이 있다

책임지지 않은 사회, 염치없는 사회가 되어가고 있다 사랑하는 후배가 경제난 때문에 병원을 그만두려고 한다 한 제자는 십일월에 결혼 주례를 서달라고 한다 보기 싫은 동창의 아들이 결혼한다고 웃으며 '선생님 저 결혼해요'라며 청첩장을 내민다 '자존심일 뿐이야'라고 홀로 중얼대며 서성이는 날들이 흘러간다 말할 수 없는 것까지 말할 수 있을 때 시가 자유로워지는데… 세상에 잘 맞추지 못하는 나를 자학하는 밤, 창밖에는 시간의 경계를 헤매는 물방울들의 눈망울이 빛난다 시가 잘 쓰이지 않는 시월詩月의 밤이다

*2016.9.5일자 뉴욕타임지 보도

김완金完/광주출생. 2009년 『시와시학』 봄호에 신인상 수상. 시집『그리운 풍경에는 원근법이 없다』, 『너덜겅 편지』가 있다. 현재 광주보훈병원 심장혈관센터장. kvhwkim@chol.com

이 규 열

위험한 달 외 1편

생각에도 각이 있어서
누군가 다칠수 있다는 걸
깨달으며 집으로 가는
골목길이 훤하다
중천에 뜬 달 때문인지
깨달은건지 주워들은건지
누군가 다친다면
생각도 위험하고 달도 위험한데
생각은 왜 많아서 각을 만들고
달은 왜 밝아서 골목의 상처를 다 밝히는지
또 누군가의 생각이 나를 다치게 한다면
그렇게 생긴 상처가 쌓이고 덧나서
일상이 되고 삶이 되고 역사가 된다면
치유될수 있는 생각의 각은 없고
치유되지 않은 생각이 세월을 만드니
달빛에 찔려버린 오늘 밤
누군가의 생각의 각에 다쳐
깨달은건지 주워들은건지
저무는 위험한 하루가
또 세월을 만들고.

욕망은 상처처럼 봄을 부르고

-소수의 욕망이 다수를 상처낼 때만
시의 르네상스는 오는가
결핍이 풍요를 무시할수 있을 때만
시의 존재는 확인되는가

아프지 않았던 봄은 없었다
그해 4월
그해 5월, 그리고 6월
혼자 있으면 자꾸 눈물이 나서
단 한 줄도 나아가지 못한채
사랑을 잃고도 쓸수 있었던
한 시인을 부러워하며
봄은 목을 조으며
서서히 온 몸을 감아오르며
해마다 찾아오는데

얼마나 더 아파야
완전히 편안해질수 있을까

이규열/부산. 1993 〈현대시학〉 등단. 시집 『왼쪽 늪에 빠지다』 『울지 않는 소년』 시계간지 《신생》 편집인. gylee@dau.ac.kr

성 수 자

사선으로 바라보기 외 1편

지난 태풍 때부터
기형진 삶이 시작되었다

건너편 산마루 금을 사선을 턱 걸친 채
한 치 오차도 없이 가지마다 잎을 펄럭이는
저 버드나무 한 그루

반쯤 들춰진 뿌리
지탱하는 힘은 발가락 끝이다
당당했던 힘의 원천을 알고 있다

세상의 각도를 수정한다
풍경은 그를 배경으로 모두 대각선
푸른 힘을 당겨 그리움의 가지를 더 높이 키운다

삶을 지탱하는 키 큰 나무에게 띄우는
햇살이 보내는 박수소리 기우뚱 버드나무에게
온 계곡의 시선이 쏠려있다

새살 돋는 아픔

한소절도 놓칠 수 없었던 바람의 저음을
햇빛 한 올의 무게까지 감지하던 텃밭의 일기들
열매 떨어진 자리 패인 지구의 중력을
낱낱이 보고하는 한 겨울 전서

깨알같은 일상이 뿌리로 박힌 지난 날을
들판의 바람이 쪽지를 들춘다
둥근 그리움이 부풀어 올라 터져버린 잎사귀
벌레같이 징그러운 일들은 또 얼마나
읽다 숨막혀 벌컥마신 찬물까지 막히던 일

사람이 사람에게 사람에게서 사람이
상처받아 말문을 닫아버린 문 앞
그대여 희망이던 이 한 해를 어찌 감당하랴
새 살 차오르는 햇덩이 다시 밀어 올리자

성수자/부산. 1993년 〈한국시〉 등단. 시집 『안개밭에서』,『잎맥처럼 선명한』 suja0314@hanmail.net

강 미 옥

교신 없는 바다
-진도 세월호 침몰

보랏빛 꿈들
아득한 하늘길 될 줄 몰랐다
끝내 펼쳐지지 못한 구명조끼처럼
열여덟 푸른 봄들은 처음으로 갔다

두려운 눈망울들
조각난 세월호에 떠 다닌다
이토록 숨쉬기 애절한 날이 또 있을까

아이보다 더 어린 어른만 믿고
묵묵히 말 잘 듣다가
끝내 세월을 따라 흘러갔는가

어른들 말 잘 들어라 가르쳐서
부끄럽다. 죄스럽다

재난대책본부엔 재난만 있을 뿐
대책은 없는 나라
이 땅에 살고 있어서 참말로 미안하구나

사월에 짓이겨진 꽃잎들 덜 살아서
다 못 본 세상 교신 없는 바다에서
메아리로 피어라

널뛰기

치마폭은 허공 위로 펄럭인다
몸에 날개가 돋으면
구경꾼도 바람도
구름 속으로 빨려 들어간다

올려주고 내려주며
나를 낮춰 너를 띄우면
너도 나도
하늘이 된다

강미옥/경남 양산. 1989년 〈민족과지역〉 등단. 경남 양산 삽량문학 편집장. meokk2@hanmail.net

김 석 규

묵뫼 외 1편

묵렴의의 실뿌리들은 거미줄로 얽혀 있다.
단 한 권의 책도 사다준 적이 없고
자연 책을 읽어야 한다고 말하지도 않았으며
밤낮없이 손가락에 침 발라 돈 세는 것만 보여주었다.
많은 자식을 두었으나
제멋대로 커서는 뿔뿔이 흩어져서
네밀락 내밀락 서러 내몰라라 하거나
궁색한 핑곗거리만 갖다 붙이고
관광지에서 해외여행 가서 봤다는 소문만 무성히
명절 때가 되어도 코빼기 하나 내밀지 않아
건순노치의 봉분엔 풀뿌리만 기어다니고

널문네

널문리 산다고 널문네라고 불렀는데
여름 한 철 참외광주리 이고 팔러 다녔다.
아들 딸 여섯에 또 늦동이 낳아 등에 달고
이 동네 저 동네 골목 골목마다 돌며
챔이 사이소 챔이—
허리 아래까지 흘러내린 젖먹이 칭얼거리면
데룽이는 젖 어깨 밑으로 돌려 물리고
챔이 사이소 챔이—
하루 내도록 기껏 해봐야 겉보리 몇 되박
8·15지나 6·25 이후 헐벗고 굶주리며
척박한 시대를 억척스레 살아낸 널문네

김석규/부산. 1965년 「부산일보」 신춘문예 시 당선에 이어 「현대문학」지에 청마 유치환 추천으로 등단. 시집 「풀잎」 「먼 그대에게」 「청빈한 나무」 「신라에 내리는 눈」 「겨울 목판화」 외 다수.

이 상 개

항구연가港口戀歌 외 1편

다들
부산포해전은 잘 모르고 살아도
충무공 이순신 장군만은
누구나 잘 알고 있습니다.
임진년 그날의 승전을 되새기며
용두산공원에 우뚝 서 계신 충무공.
그래, 그때 그대를 처음 만났던
여기 이 공원.
절대온도를 다스리며
내 가슴에 시한폭탄을 장착한
그대는 냉혹한 테러리스트였었다.
여름 장맛비에 씻겨 아무도 눈치 못 챈
이 엄청난 변고를
나는 오늘 술로 풀어본다네.
수리수리 마하수리 수수리사바하
술이술이 마신 술 술술이 취하이.

대세를 본다

지금 천하는 눈 뜬 봉사들의 놀이터다
어쩌자고 대명천지 밝은 빛 저당 잡히곤
우왕좌왕 거리는 더욱 황폐해진다.
녹 슨 어둠은 가로등 불빛을 빨아 마시고
제법 불콰해지자 세상은 돈짝만해진다
쓰레기통엔 빌딩 그림자가 쑤셔 박혀 있고
꾸불꾸불 골목길을 돌아나가는 지팡이 소리
전생의 업을 안은 부나비 떼가
몸부림을 찢으며 불속으로 뛰어든다.
폭발 직전의 활화산은 알몸으로
뜨거운 미로를 추적하기 시작했지만
눈 뜬 봉사들도 대세를 읽고 있는데
지금 천하는 대세불안정의 목마를 타고
돈짝만한 세상 돌고 돈다. 돈돈돈. SOS.

이상개/부산. 1941년 창원 출생. 1965년 〈시문학〉 등단. 〈잉여촌〉 시동인. 〈시와자유〉 시동인. 시집 『파도꽃잎』 외 11권
hi-bitnahm@hanmail.net

최 기 종

갓바위 외 1편

목포 성자동 바닷가 동쪽에 가면 기묘한 모양의 바우가 있어. 그것을 갓바우라고 허는디 오랜 세월 바닷물에 깎이고 패여서 마치 갓을 쓴 사람이 영산강 하구를 바라보는 형상이야.

옛날에 효성이 지극한 소금장수 청년이 있었데. 아비가 죽어서 거그에다 안장하려고 관을 옮기다가 그만 실수로 벼랑 아래 바다에 빠뜨리고 말았지. 아들은 통곡하면서 불효자는 하늘을 볼 수 없다며 큰 갓을 쓰고는 곡기를 끊고 그 자리를 지키다가 숨을 거뒀지 뭐야. 그 후로 거그에서 바우가 쑥 솟아올랐데. 큰 바위를 '아비바우'로 작은 바위를 '아들바우'로 불렀지.

이 갓바우를 달리 중바우라고도 혀. 거그에는 또 다른 전설이 있어. 그런디 그것이 스님상이라도 좋고 애비아들상이라도 좋고 응화암의 해식작용이라고 혀도 좋지. 다만 목포에는 풍광이 좋은 여기 입안반조*가 있어서 목포사람들이 끈끈하게 살아가지. 타지사람들이 끈끈하게 다가오지.

*입안반조 : 아침저녁 노을에 물든 아름다운 갓바위 풍경. 목포팔경 중의 하나.

고하도

목포 앞바다에 목포항을 감싸고 길게 누운 섬이 있어. 유달산 아래 있다고 혀서 고하도라고 부르는디 큰 나무가 많다고 혀서 큰목이라고도 허고 누구는 칼섬이라고도 혀. 섬의 형상이 꾸부렁꾸부렁 혀서 용섬이라고도 허고 바위가 병풍처럼 둘러쳐져 있어서 병풍도라고도 허지.

고하도는 먼 바다에서 밀어오는 높은 파도나 거친 바람을 잘 막아주지. 목포항이 천혜의 항구가 된 것도 여그가 있어서 가능헌 거야. 글고 영산강으로 가는 뱃길의 빗장 역할도 허지. 적의 침입을 받았을 때 여그가 뚫리면 저 멀리 나주 영산포까지 뚫리니까 여그서 방비헌 거야. 이렇고롬 고하도는 목포사람들의 병풍이 되어서 목포바다를 단단히 지키고 있지.

목포사람들의 든든한 자존심이었던 거야.

최기종/목포. 1956년 전북 부안 출생, 1992년 교육문예창작회지 『대통령 얼굴이 또 바뀌면』으로 작품 활동 시작, 시집으로 『학교에는 고래가 산다』외, jogi-choi@hanmail.net

황 길 엽

습한 것 외 1편

자꾸 맹치 끝에서 소리가 난다

빛을 잃어버리고 어둠 안에서
무성하게 쌓여있었던 굴레
탈출구를 찾는 것이란
아득하기만 한데
허공을 건너간 한 시절
비상구를 찾는다

방안 가득 얼룩처럼 번지는
수명 다된 형광등 불빛
밤의 적막에도
촛불 띠로 번지는 아! 대한민국
이처럼 습한 세상
작은 촛불모여
횃불로 밝힌다

분노와 한숨으로
밤잠 설치는 시간

언저리 어디쯤에서
두드리는 북소리에
환하게 밝아오는 여명으로
다시 일어서야 하는
촛불의 힘!

시간

하얗게 피어오르는 햇살
언덕 위에 퍼질러 앉은 가을바람 따라
사람들은
허공을 가득 채워놓은 그리움
저만치 밀쳐두고
일상으로 페달을 밟아간다

시간은 브레이크 고장인가
쉼 없이 내달려
어깨를 짓누른 무게
어디만큼에서 내려놓아야하는지
침묵은 투명하다

이별을 먼저 알아버린 그녀

어둠을 가득 품은 거리
낮 동안 수없이 오고간 발걸음들
뿔뿔이 어디로 갔는지
홀로 하루를 접어가는

빈 공간에
채워지는 것은
시린 고요뿐이다

황길엽/부산. 91년 〈한국시〉 등단. 시집 『아주 먼 혹은 까마득한』 외 5권. p-hwang@hanmail.net

박 성 웅

그 섬, 홍도 외 1편

세월의 풍상 겪은 절경의 기암,
누에 모양을 하였기에
절경마다 전설도 주저리주저리
눈에 보이는 모든 시야의 한 폭幅.

남문바위 실금리굴 슬픈여 거북바위
구석구석 방향에 따라 변하는 아름다움,
쪽빛바다 청정해역에
해돋이도 낙조도 붉게 켠 홍도.

주마간산으로 스치고 훑고 떠나지만
홍도 10경마다 그 희열은 묻어난다.
동백나무 후박나무 덩굴사철 식나무
복잡다단하고 빼곡한 구성력.

바람 눈 파도 햇볕 밀물과 썰물
무량겁의 무릉도원의 입구 같아
찰칵, 오밀조밀 피사체로 담는 그 이상의 것!
공감하여 다시 가 보고 싶은 곳!

세상이 환하다

배경의 겨울을 뚫고 나온 매화가
겨울을 떠나보냈다.
사랑처럼 과장하는 포즈처럼 숨결처럼
봄 앞의 욱신욱신한 파동처럼
겨울에서 봄을 건너는 세상을 기웃거린다.
봉오리였던 매화가 이야기를 나누는 듯
망울을 터뜨린다.
다가가지 않아도 세상이 환하다.

박성웅/부산. 1982년 〈한국문학〉으로 등단. 시집으로『소작인의 가을』『내자를 업다』외 다수. 시선집으로『새』등. 녹색시인상, 부산시협상 수상
psw19461@hanmail.net

송 미 선

우산의 덜미 외 1편

유통기간이 하루 남은 우산을 샀습니다

우산대를 빙글빙글 돌리며 걷습니다
웃음소리가 우산에 앉기도 전에
눈물방울이 튕겨 나가네요
비바람이 몰아치는데
아무렇지도 않게

세 개를 한 묶음으로 팔고 있었기에
덥석 쥐었습니다

계절을 버무려
마음 가는대로 하나씩 꺼내 쓰고 버리려구요
생각을 낭비해버린 것을 알아챘을 때
한 계절이 끝나고 있습니다
다음 계절의 계획표를 만들기 전
붉어지던 빗방울이 그치네요

접혀지지 않는 우산살이 우두두둑

부서지는 기미가 느껴지네요
뼈대가 생각보다 단단한가 봅니다

이제 비가 그치네요 그러나
실마리가 주렁주렁 달린 우산을 접을 수 없네요
기척 없이 돌아서는 계절을
씹지도 않고 그냥 삼키며

물구나무 서있는 나를 빙글빙글 돌립니다

빌미

작은 꼬투리를 잡아 달맞이꽃을 피우기로 했어요
꼬투리를 빌미로 한바탕 춤판을 벌였어요
달이 변하는 것을
모서리와 모서리 틈에서 간신히 볼 수 있었지만
기억을 꺼낼 때마다 달이 조금씩 차오르는 것을 눈치 채지 못했어요
당신의 표정에서
좁혀진 미간을 읽을 수 없지만
코의 핑계가 싹 트네요

누구의 입에든 오르내리기 위해
준비해 둔 대답에 알맞은 질문을 만들기로 했어요
그날은 오해라며 침 튀길수록
골은 깊어지고
검지로 넘기던 페이지가 감질나
페이지에 입술을 갖다 댔어요

꼬투리를 헤아리는 사람들의 발 끝 고단함을 훑어봤어요

뒤집어 쓴 모자 속에서
달맞이꽃이 무더기로 나오네요

스며들 나를 스며든 당신이 밀어내는군요
원근법에 충실한 골목처럼 점점 좁아지는 숨구멍은
곧잘 진땀을 흘리네요

지금은 피노키오의 코가 필요한 순간

송미선/경남 김해. 2011년 〈시와사상〉 등단. 시집 『다정하지 않은 하루』 sms27143@hanmail.net

성 명 남

태극기가 휘날립니다 외 1편

송지 사거리 지나 고가도로 오르기 전
작은 나무 팻말에 적힌 은유 한 문장
-태극기가 휘날립니다-
두리번두리번 올려다보니 태극기가 휘날립니다
태극기가 휘날리는 그곳 멀리서도 잘 보이라고
공중에 그려놓은 약도
후루룩 후루룩 한 끼 때우시라고
출출한 길손에게 손짓합니다
그냥 지나쳤거든
다음에는 꼭 들르시라고 태극기가 휘날립니다
보이지 않을 때까지 힘차게 손 흔듭니다
봄여름가을겨울 꿋꿋한 가장처럼
국숫집 태극기가 휘날립니다

은행나무 마임

바흐의 선율이 흐르는 발밑을 조심하세요
흉흉한 소문이 파다해요
카드뮴 납투성이 사생아를 낳은 뒤
태조차 묻지 못한 처녀들이 쫓겨나요
이 도시에선 모성이 함부로 짓밟혀요
삼억 오천만 년 전
눈만 마주쳐도 수태시킨 태초의 남자 DNA를
고스란히 물려받은 사내들 향해 비난이 쏟아져요
차라리 거세하라는 형벌 같은 말투에
바지춤 움켜쥐고 노랗게 질린 사내들
묻지 못한 태가 문드러져 시취 풍기면
죄인처럼 꼼짝 못하고 서서
질끈 눈을 감아요
길바닥은 순결한 화석나무 전설로 남을
혈기 왕성한 사내들의 금욕이 흥건해요

성명남/경남 양산. 2012년〈국제신문〉신춘문예. 시집『귀가 자라는 집』
thteo-@hanmail.net

박 춘 석

거짓말

-실상은 모습으로 말한다

입술이 말을 위한 도구로 진화하기 전에는 대기는 고요했고
말의 씨앗이 민들레 홀씨를 따라 공기 속을 떠돌았다
홀씨는 꽃을 피웠지만 말은 입술이 없어 죽었다
입술진화 이전에 상형문자가 먼저 나타났다
은자들이 손을 말의 도구로 썼기 때문이다
동굴 속에 제2의 진실을 옮겨놓았다
이후에 입술이 진화하여 말은 무언가가 되고자
끝없이 입술을 벼렸지만 무언가의 모방으로 그쳤다

시간에 따라 모습을 이동하는 꽃
시간에 따라 음향의 조도가 다른
앵무새 입술에서 모습을 얻는 꽃
앵무새가 나타난 후 사람들은 눈으로 보지 않아도 보았다
한 가지 꽃말만 외우느라 입술이 진화하지 않는 사람들이 나타났다
모습의 큰 메아리를 보지 못하는 사람들
모종삽 같은 입술을 가진 앵무새를 키웠다

앵무새의 작은 호리병 같은 목구멍을 통과 하는 동안
봄은 축소되었고 꽃은 거대해졌다
앵무새의 가슴 내부 크기의 자재로움과
원근법에 감정이입이 가능했기 때문이었다
우리 내부에서 크는 앵무새는 제2의 진실과 제3의 진실만을 말했다

겨울동안 빈 땅처럼 쉬고 있던 화단에 또 앵무새 꽃이 피고 있다

시집

나는 그 집을 나온 후입니다
내가 살지 않는 집을 찾아주셔서 고맙습니다
그 집에 사는 그녀는 완성도가 떨어집니다
나는 그녀보다 나이가 많고 조금 큽니다
굳이 나눈다면 우리 두 사람, 우리 세 사람, 우리 네 사람입니다

내가 살다간 여름에 당신이 당도했습니다
내가 정성을 들여 키우던 나무 아래 당도 하여
아직은 파란 열매를 올려다보고 있습니다

당신이 강가를 걸었든 바다를 헤엄쳤든
그녀는 당신의 것입니다
당신의 역량이 바다보다 크다
나는 나보다 커질 것입니다
집이 아니라 길이었습니다

내가 그녀에서 비밀스럽게 살고 있든
적나라하게 살고 있든

지나온 여자입니다

최근에 그녀를 찾아보았습니까
아무도 찾지 않아 고요히 그녀 혼자 살지도 모르겠습니다
그 집에 손님이 와야
그녀에게 출구가 생깁니다
그녀는 이제 겨우 꽃이 오려는 계절입니다
열매 이후 꽃, 여름 이후 봄
나는 후일담입니다

박춘석/부산. 2002년: 가을 「시안」 신인상 등단. 시집: 『나는 누구십니까?』 『나는 광장으로 모였다』 babypoet3@hanmail.net

류 명 선

역사 앞에서 외 1편

언제나 힘 있고 가진 자들의 뜻대로
꾸며져 왔고 마구 왜곡되었던
우리나라 기막힌 역사를 보면
무엇이 진실이고 거짓이었는지
지금 이 시대를 보면 대번에 알 수 있다
위정자들의 노름에 아부하듯 눈치나 살피며
슬슬 기는 이 나라 찌라시 같은 매스컴을 보면
옛날이나 지금이나 사철나무처럼 변함이 없다
이 기막힌 사실 앞에 항상 정의는 불의 속에 파묻혀
새 역사라는 강압의 제물로 바쳐지고
승리한 자들의 승전고가 이 나라 역사가 아니던가
그 나라 은폐되고 미화된 역사를 보면
그 나라 미개한 백성들을 알게 되고
백성은 개돼지만도 못한 족속들이라고 해도
마땅하다는 듯이 머리를 조아리는 무지렁이들이
이 나라 참 역사를 좀이 되어 갉아 먹고 있다
멍 멍, 꿀꿀거리며 밥그릇에 머리를 처박고
자기 배만 채우면 그 시절이 태평성월이었다고
위정자들의 치마폭에 춤추며 놀고 있다

청문회를 보면서

감추는 자가 범인이다
감추어야 할 까닭이 숨어 있기에
생각이 전혀 안 난다는 건 변명이다
맞추기 위해 입모양을 맞추고
시시각각 은폐하고 조작을 일삼고
억지로 맞지 않는 시간을 만들어 내고
지워도 지워지지 않는 진실은
그 노래처럼 쉽게 침몰하지 않는다
하나의 진실을 건져내기 위해
이 땅의 참다운 정의를 세우기 위해
노란 깃발과 리본들이 방방곡곡에 나부끼고
가슴마다 활활 타오르는 촛불은
거센 폭풍우에도 절대 꺼지지 않는다
이젠 제발 잊어버리자고 말하는 자가 범인이다
그 범인을 꼭 잡을 때까지
아니 끝까지 밝힐 때까지
진실로 진실로, 우리는 소리친다
감추는 자가 진짜 범인이다

류명선/부산. 1983년 무크지 〈문학의 시대〉 제1권으로 등단. 시집 『고무신』 『반골』 『사는 게 장난이 아니다』 『마침표를 찍으며』 『절망이여, 안녕』 등 다수. bluestar218@hanmail.net

최 휘 웅

호두 외 1편

누나가 집을 떠나며
꼬옥 쥐어주던 호두 한 알

마루에 앉아
망치로 두들겨 팼다

그러자
고소한 시궁창이 쏟아져 나왔다

쪼글쪼글 부서진 멍을 씹었다

그때 날아온
아버지의 돌 한 마디

고요하던 호수에 금이 갔다
와장창 깨지는 유리창

창공을 날아가는 새가 보였다

아버지가 쳐 놓은

울타리를 쓰러뜨리고 싶었다

담장 너머 세상을 향하여
어쩌면 누나가 갔던 그 길로

날자
외침이 목 밑까지 왔다

오늘도
손 안에서 뒹구는 호두 한 알

고소하게 깨지던 기억을 더듬는다
금 간 호수의 날 선 눈빛

왼쪽 주머니에 감추고 걷는다
험한 물살을 거꾸로 타고

지하철 꽁무니에 매달린 불빛이
허기진 목구멍으로 사라지고 있다

눈비

끝내자 작정한 날

눈비가 어깨 비비며
서로 얼싸안고 내려왔다

지상에 쌓이는 것과
적시는 것들이
언제부터 그렇게 사이가 좋았는지
속이 얼얼한 추위 몰고 왔다

얼음장 냉골에 몸 누이고
뒤척이다 그만 다리 뻗고 싶은
종친 인생

이제 그만 눈 감자 작정한 날

눈비가 등골을 훑으며
히끗히끗 날을 드러내자
섬뜩한 귀곡성이 문풍지를 흔드네

반죽처럼 뭉개져서
데굴데굴 굴러 삼척동자 되려다
방구석에 처박힌 그 날

눈비 몸 섞으며 내려오고 있었네

최휘웅/부산. 1982년 월간 『현대시학』으로 등단. 현재 계간 『시와사상』 편집인. 시집: 『카인의 의심』 외 다수. 평론집: 『억압. 꿈. 해방. 자유. 상상력』 choong44@hanmail.net

김 종 숙

아버지의 꽃밭 외 1편

빛바랜 꽃밭이 영원처럼 느껴지는 아버지의 꽃밭, 망구순의 마당에 봉선화 꽃밭이 있는 까닭입니다. 아버지가 수분 놀이에 마음을 쓰는 것도 내어 줄 한 평 공터가 아버지 가슴에 살고 있는 까닭입니다.

아버지가 이 꽃과 저 꽃을 오가며 몸을 둥그렇게 말았다 금잔화의 부름에 대꾸하려고 지팡이에 힘을 싣는 사이, 봉선화는 아까보다 더 빛바래고 피마자 줄기는 한 뼘 더 붉어지고 맨드라미는 눈치 못 채게 스란치마 끝에 햇살 알갱이들을 숨겨 담는 아버지의 꽃밭,

봉선화 씨앗처럼 사방 터져나간 딸들 명절 맞아 몰려드는 저물녘, 다시 아버지의 꽃밭은 오늘 남은 다디단 볕을 들이마시고,

석양을 더 붉게 물들이는
아버지와 나 사이에 놓인
저 망망한 영원

나팔꽃

빈 담장에 기댄
저기 저 나팔꽃
샛각시 방에 겸상 차려 들이고
부뚜막에 걸터앉은 큰댁입니다
첩실 방은 불빛도 훤해 건너다보면
그 빛마저
돌아누워 버리는
적막도 아늑해
영감 누운 방 쪽으로 등 기대, 밤새워 버선코 깁는 큰댁
첩실 발은 흙 구경 한 번 안 시켰다고
보람인 듯 얘기하는 큰댁입니다
일흔여덟 해를 피고 지다
꼬투리도 떨어져 나간 줄기 끝에
형님 아우 둘이 남아
여태 밥 벌어 첩실 수발든다는
저 남색 쓰개치마
'지상에는 왜 떨어졌누'
아직, 쓰개치마 뒤집어쓰고

별 바라기 하는
장흥댁입니다

김종숙/순천. 2007년『사람의 깊이』신인상으로 등단.
chambegonia@gmail.com

한 보 경

내부 수리 중 외 1편

더욱 새로워지겠다고

내부 수리 중인 세상에는
비상구가 없다

숨죽인 바람 한 줄기도 비상구를 열고
비상할 수 없다

오로지
오로지를 위해

비상사태를 선포하고
비상구를 닫아버린

작은 입 하나
제대로 닫지 못하는
나는

결코 새로워질 수 없는

창문에 살을 붙이고
자물쇠를 달고

말꼬리

나는 도마뱀이 부러워

무서운 무기처럼 도마뱀의 꼬리가 부러워

예리하고 단호한 거두절미가 부러워
앞과 뒤를 멋지게 뭉개버리는 그런 혁명이 부러워

말의 꼬리를 끊어내는 연습을 했어
길고 지루하게 도마뱀이 되는 연습을 했어

말의 꼬리에서 꼬리가 생겨나고
말의 앞뒤가 뒤바뀌고
뒤바뀐 꼬리 아닌 꼬리에서 다시 꼬리를 물고
꼬리가 자라고
앞과 뒤가 위와 아래가
꼬리에 꼬리를 물고
끊어지지 않는 꼬리가 되어가는

자르면 자를수록 말의 꼬리는 자꾸 질겨져

꼬리는 팔과 다리가 되고
팔과 다리는 머리가 되고
머리는 기어이 심장이 되고

끊고 잘라내도 도로 전부가 되어가는
말의 꼬리가 나는 무서워
날마다 말꼬리를 자르는 연습을 해

끊어도 끊어도 결코 흔들리지 않는
도마뱀이 되는 연습을 해

도마뱀의 꼬리는 정말 부러워

한보경/부산. 2009년 〈불교문예〉 등단. 시집 『여기가 거기였을 때』
jandi21@hanmail.net

정 안 나

보리밥체험 외 1편

기자가 와야 체험은 시작이다
손금이 비닐장갑에 새겨진다
오기 전까지 주먹을 만진다
주먹은 다듬을수록 주먹이 아니다

기자는 소금을 쳐서 간을 맞춰본다
기자는 풀어야 할 주먹을 쥐게 한다
기자는 뜨거운 주먹을 풀게 한다

주먹의 손금이 흘러가고 가방이 흔들리고
주먹을 멈추시오 활짝
주먹을 먹으시오 활짝
즐거운 웃음의 연기가 피어오른다
기자의 세계는 멈추고
기자는 체험을 가져간다

손금은 체험을 가지고 있다
옥수수 파는 할머니도 체험을 가지고 있다
아이도 주먹을 먹으며 체험을 가지고 있다

식은 두 개 세 개의 주먹이 사라진다
식은 시작되자 끝이다
체험은 거짓이다

비둘기에게 먹이를 주지 마십시오 비둘기는 날아다
니는 쥐입니다
현수막이 남는다

화장

보라색 립스틱은 지하의 아픈 핏자국을 남겨
삼일을 도저히 견디지 못해
견디기 위해 화장하기로 하네
새신랑이 된 아버지
어떤 그가 떠오르는지 슬며시 나가네
얼굴이 따로 노는 걸 인정하기 싫어 통장을 정리했네
비싼 화장품을 놓고 말이 많네
하지만 결국 하얗게 지우기만 하면 되는 법
다시 태어난다며 화장하는 법

화장하다가 밥을 먹고
화장하다가 늙은 여자를 껴안은 거울을 봐
만국공통어는 웃음이 아닌 화장
솜털인 아이부터 어르신까지 요즘 유행하는 화장이 있어
화장이 들어갔는지 검은 눈물을 묻히는 이들
나는 눈물이 한 톨도 나지 않아 무릎 꿇고 생수를 안경에 들이붓네
눈 화장이라도 하지 흉측하다는 너

눈물은 어려운 화장이고

지상은 지하보다 어둡네
어떤 화장이든 들키지 않으려는 얼굴이네
나는 속눈썹은 그리지 않은 걸 알았네
속눈썹 없는 이들이 컵 들고
천 번을 흘려보낸 표정으로 서로 뽀얗게 화장하고 있어

꽃분홍 단장 너머로 사라지는
가을볕이 치장하는 시간이네

정안나/부산. 2007년 〈시와사상〉 등단. 시집 『A형 기침』
qkfrdma2000@hanmail.net

송 진

리듬체조 외 1편

리듬-이라고 발음하자 라듐이 따라온다 라듐-이라고 지우자 잠시 얼룩이 머물다 사라진다 본격적인-이라고 오이는 강조한다 강도 높은 체위-라고 오이는 콧수염을 벌렁거린다 사실 본격적인- 강도 높은 체위- 따위는 바닷가 근처 해안선 너머에도 발견된 적이 없었다는 괭이 갈매기의 후일담이다 그러면 무엇이 고양이를 울게 하는가 개가 사람을 물게 하는가 화학적 사고의 공식을 밤새 외우는 시험적 계기의 입시처럼 입시철은 지나가고 노트북들은 허공에 개들이 찔끔거리는 오줌처럼 흩뿌려진다 봄이니 봄이라고 봄이나 먹으라고 봄다운 나물들이 다운자켓을 벗은 눈 밖의 달처럼 쥬빗쥬빗 주피터의 화살처럼 느릿느릿 날아와 난민들의 갈라진 손바닥 바로 거기-비켜서서 명중한다 허공에 떠다니던 점자들이 눈송이처럼 슬며시 내려와 거리를 걷다 나무벤치에 흘러내리는 물이 되기도 한다 순종과 복종사이의 굴복의 역사는 오래되어 떫지 않지만 떫고 제 맛을 잃는 굴비나 굴젓 굴욕이 되었다 곧 배탈이 나고 강도 높은 체위-도 본격적인-지시도 곧 시들해질 것이다 주인에게 야단맞은 강아지처럼 뒷다리

사이로 들어가는 뱀 한 마리의 곡선의 체위 봄은 열 개의 눈동자를 동그랗게 족자처럼 말아 다시 펼쳤다 접었다 두루마리 소매에 넣었다 뺐다 봄은 최선의 발음을 하려고 쥬빗거린다 아연아-아연아- 술 취한 뒤 울먹이며 부르는 전생의 애인 이름처럼 아연의 화학적 반응을 얼음판 위에 지치는 물방울 자유의 미립자들 시체 냉동실에 오래된 이름을 불러내듯이 진달래빛 리본의 '머리조심' 투명한 유리문 입구를 통과하는 겨울문을 블루문이라고 불러본다

비의 속눈썹이 하늘로 당겨 올라갔다

숲이 자라고 있었다
나무늘보가 나무늘보를 껴안고 있었다
금빛도끼가 웅덩이마다 저녁밥을 짓는 중이었다
곱슬곱슬한 쌀밥이 곧 도착할거야
비에 젖은 숲이 으스스 몸을 떨며 사슴에게 말했다
구수한 우거짓국도 도착할거야
우체국 직원은 별이 하얗게 비명을 지를 때까지
도착하지 않았다
그래도 숲은 말없이 자라고 있었다
어느 날 금빛도끼가 저녁식사에 초대했다
같이 식사하시겠어요?
나무늘보가 금빛도끼를 껴안았다
그 바람에 오른 팔이 스으윽 베이고 말았다
그 바람에 나무늘보는 왼손으로 식사를 마쳐야했다
그래도 숲은 말없이 자라고 있었다
드디어 물고기역에 사는 집배원 직원이
몇 개의 통나무 역을 지나 무사히 도착했다
몇 장의 쌀밥과
몇 장의 국을 껴안고

그 바람에 우리는 입맛에 맞는 국을 먹을 수 있었다
그 바람에 나무늘보의 왼손이 바빠졌다
그래도 숲은 말없이 자라고 있었다
말없이 자라고 있다는 것…
그 몇 장의 문장들이
가장 배고팠고
가장 배불렀다

송 진/부산. 1999년『다층』제 1회 신인상 등단. 시집『지옥에 다녀오다』,『나만 몰랐나봐』,『시체 분류법』 filllove123@hanmail.net

최 승 아

짜깁기 외 1편

그래도 견딜만한 날과
삭제하고 싶은 날을
촘촘하게 박음질 한다

울고 싶은 나와
웃고 싶은 내가
불연속적으로 짜깁는 복화술

상처 따윈 묻지 않기로 했잖아요
슬픔의 계보를 따라가면
금간 기억 하나쯤 감추고 있죠
최상의 안식은 위장인걸요
솔기가 지나간 흔적을 모른척해요
그럴듯하게 잘 직조된
별 한 줄,
초록 한 줄

우리,
이만하면 깜쪽같지 않나요

룸

어제처럼 내일도
우리는 상자 속에 가지런히 담겨있어요
아침이면 다정한 햇살과
가벼운 모닝인사를 하죠
모형접시와 모형포크가 나란히 포개진
식탁을 펼쳐요
영원히 썩지 않는 식탁 위에
어제와 별반 다를 것 없는 내일을 차려요
케익에 꽂힌 촛불이
가늘게 떨리는건 나중에 안 일이지만
가짜는 언제나 완벽하죠
쉿!
문 밖의 문이
문 안의 문이 덜커덕거려요
불이 켜지고 나는 질끈 눈을 감아버렸죠
얼마나 지났을까
발자국들이 웅성거리기 시작했어요
문틈으로 한 줄기 빛이 노크를 해요
문이 열리면 언제 그랬냐는 듯

방은 근엄해지곤 하죠
가짜가 진짜로 바뀌는 순간이에요
전시용 침대에서 긴 잠을 깼어요
바뀐 진짜들이 수군거리기 시작했어요
거대한 상자가 나를 송두리째 쏟아 버릴거라고

최승아/부산. 2012 〈시와사상〉 등단. choiys0707@ naver.com

송 연 우

바라본다 외 1편

바위가 반듯이 앉아있다
하늘을 안고
당신 가슴을 새기고 있다
때로는 천둥치는 소리에도
곧은 자세로 앉았다

늘 흔들리며 살다보니
당신이 부러워 유심히 본다
분노가 치밀어도
슬픔이 밀려와도
변함없는 그 표정이다

하늘을 이고 앉아
묵묵히 세상을 읽는 바위
저 침묵 안에 얼마나 많은 생각이 고여 있을까

바위는 끝내 제 나이를 말하지 않는다

눈은 눈빛을 안다

작은 하늘이다
하늘보다 넓은가
별빛 따라 들어가고

고요 속에
흰구름 한 줌
하늘처럼 머물고

촉촉히 젖은 심연의 호수일까
한층 반짝이며
별빛 그리움이 사무친다

사라지고 일어나는 눈에서
남빛 시선
열린 넋이 보인다

송연우/창원. 〈한맥문학〉 등단. 시집 『비탈 그리고 제비꽃』 『여뀌의 나들이』 외 2 권. 〈동운문학〉 회원. smh9691@naver.com

권 애 숙

달목욕 외 1편

새벽도매시장 푸성귀를 받아
골목 장바닥서 팔고 있는 할마씨들
산동네 목욕탕 달목욕 끊어놓고
새벽이면 새물에 몸 담가야 새날을 띄울 수 있단다
이모야, 길바닥 자릿값도 공짜가 없데이
벌거벗은 나를 가운데 두고
텃세에 밀려 옮겨 다니는 보따리 속 세상을 푼다
젖무덤인 듯 민둥산인 듯 멋대로 뭉개진 골짜기와 능선들
수챗구멍으로 떠내려가는 웃음이 흐리다
냉탕과 열탕을 옮겨 다니는 갈라터진 뒤꿈치
벌레 먹은 배춧잎처럼, 말라비틀어진 가지처럼,
5%도 광장도 모른 채 세상 너머로 조금씩 지고 있다
그믐이 천 번도 더 밟고 넘었을 시끌시끌한 달덩이들

블루로즈

속을 알 수 없는 소용돌이는 느닷없이 들이닥치고 그 앞에 서는 것들은 깜빡, 저물어 분열한다. 첩첩첩첩 페이지도 많은 지도 속을 맴돌며 온통 푸른 목록을 좇아 덜컹거리는 세상. 얼마를 두드리면 단단한 바닥이 열릴까. 먼 새벽별 같은 빰에 움푹, 가닿을까. 아픈 발바닥들이 아득하게 지문을 새길 동안, 우울한 길의 끝을 말아 올리는 회오리를 젖히고 세상에 없던 이름이 태어났다. 한 덩어리 세균으로 뭉친 막막한 미궁.

권애숙/부산. 94년 〈부산일보〉신춘문예 및 〈현대시〉 등단. 시집 『맛장뜨는 오후』 외. ogi21@hanmail.net

박 두 규

어느 봄날 외 1편

온 천지 꽃 몸살에
망연자실한 어느 봄날

내밀하게 흘러오는 암향暗香과 함께
애욕의 봄이 지나가는 걸 본다.

아무리 생각해도 나는
너무 화려한 세상에 와 있다.

꽃돌이 2
-백운천 일기 8

개들은 에고가 없어 도道 닦을 일도 없어. 이미 붓다가 말한 그 무아無我의 경지에 있는 애들이지. 감정을 섞어 한 대 때려도 먹이를 주면 속없이 바로 꼬리를 흔들며 좋다고 달려들어. 그래, 그렇게 존심存心이 없어야 한 세상 걱정 없이 살다 갈 수 있는 거지. 개 팔자가 상팔자라는 거는 말하자면 에고가 없기 때문이야. 10년 도를 닦아도 에고 지우는 사람 별로 없어. 그렇다고 저것들을 도사道士라고 할 수는 없지. 왜냐고? 그것도 결국은 존심存心이 없기 때문이지 뭐야. 정치판이나 학문판이나 예술판이나 그 어느 판에서 아무리 도道 잘 닦은 도사道士라도 권력이나 돈 앞에서 알랑거리는 것들은 다 짜가잖아. 개 팔자를 타고난 것들에게 무슨. 아, 갑자기 존심存心 상하네.

박두규朴斗圭/순천. 1956년 전북 출생. 1985년『남민시(南民詩)』 창립 동인으로 작품활동. 시집으로 『사과꽃 편지』,『당몰샘』,『숲에 들다』,『두텁나루숲, 그대』등. girisan1@hanmail.net

김 경 숙

꿈이 섞인다 외 1편

지난밤에는 동성의 몸과 내외하느라
들뜬 숨으로 꼬박 뒤척였다
매트리스가 흔들릴 때마다
아직, 내 옆자리도 깨어있다는 것을 알았다

생전 처음 보는
낯선 꿈을 꾸었다
서로의 잠을 타고 꿈이 섞였을 것이다

옆자리라는 말,
세상 모든 말들이 죽는다 해도
예민하게 살아남을 말
나와 가장 가까운 자리란
타인에게도 가까운 자리였음으로
두 잠이
한 꿈속에서 뒤척였을 것이다

옆이 살아있어야만
내외,

설레거나 불편한 그 옆이 있어야만
나도 누군가의
살아있는 옆자리인 것이다

아직, 옆자리는 싱싱했다
잠을 설친 옆자리들이
서로 꿈을 바꿔 꾼 지난밤이었다

잠수복

숨을 오래 참는 옷
마치 내 할머니가 숨죽이며 눈치를 보던
저녁나절 연기 같은 한 벌 옷
발걸음을 떼지 않아도
소리치며 등 떠밀지 않아도
오래 숨 쉬지 않아도
납덩어리를 허리에 차고도 둥둥 떠다닐 수 있는
무중력 한 벌

저 옷 한 벌에는
어떤 관절이 들어있을까
어떤 숨이 무수히 들어있을까
물 밖을 고집하는 상승이
왜 저 옷만 입으면 바닥을 향해
곤두박질치려 할까
깊은 바닥을 샅샅이 뒤지려 할까.

저 옷 속에는 기둥이 들어 있다
바위에 붙어살거나 모래에 숨어살거나

구멍에서 꿈틀거리는 것들이 수북이 박혀있어
수압을 견디고 추위를 옥죄며
웬만해선 무너지지 않는 기둥 한 벌
물 밖에 나와서는 빨랫줄에 걸려
우두커니 바다를 해찰하고 있지만
늙은 몸 하나 들어가면
물속에서 다시 날개가 되는 옷

참았던 숨
속 시원하게 토해내는 검은 옷

김경숙/부산. 2007년『월간문학』등단. 시집『얼룩을 읽다』외.
kindlysook@hanmail.net

이 민 숙

하화도행 7 외 1편

노을이라는 짝을 점지해줄게
윤슬이라는 아이를 낳아줘
세상은 한낮에도 어둡다고 하지만
어두운 터널에 갇힌 고라니 새끼들이
겅중겅중 제 길을 갈 수 없다고 하지만
오늘은 윤슬이를 잉태한 날
온하늘과 바다가 처녀막을 찢고
능소화 빛으로 그림을 그릴 때
어디선가 아기별은 갯강구 닮은 발짓으로 뛰어다니고
금세 허공에 신혼집을 지은 재두루미 한 쌍
서러운 욕망 하나 품고 날아가네
노을이라는 시간은 삼천도 불가마의 순간이야
부처의 마음이 깃든 느티나무 아래에서
늦도록 울고 있는 매미도
노을이라는 이름을 지어 불러줄까?

배

배를 양쪽으로 가르면
흰 꽃의, 그 미소처럼 흐르는 과즙

뭐든 쩍 갈라야만,
투명 피든 붉은 피든 흐르는 거지

가을은 두 쪽으로 갈리고
봄은 세 쪽으로 갈라지고
꽃이 피고 씨앗은 터져

배앓이 가슴앓이 처녀앓이 과부앓이
노총각앓이 비정규직앓이

곪고 곪아 하늘까지 뜨거워진 고름들이
하룻날 터진 하늘에서 함박꽃 같은 함박눈으로 내리
듯이
살풋 가벼워질 터

저 앓이들 눈송이로 만들기론

저 칼춤만한 것도 없어
두 쪽으로 가르면서 또다시
여러 쪽으로 영롱하게 깎여진 배를 먹으며
빚 갚지 못하고 썩은 생의 고름을 바라본다

칼이여 춤이여 아리아드네의 실이여!
날마다 오늘처럼 서슬 푸르게 풀어버리자

봉숭아 한 꽃송이가
하룻날 천지간에 제 혈육 전체로 허물어지며
삼신할미의 노랑저고리를 찢어
홀황황홀 넋마저 놓아버리듯이

이민숙/순천. 1998년《사람의 깊이》등단. 시집『나비 그리는 여자』『동그라미, 기어이 동그랗다』등이 있음. 123lms@hanmail.net

배 옥 주

Calling You

아주, 조금 아는 스쿠버다이버가 절명했다
바다 속에서 스스로 호흡기를 분리했다는 전갈이다
그에게 선물 받은 돌산호 가지가 툭툭,
붉은 뼈를 부러뜨리며 스무고개를 넘는다
수포가 번지는 오른팔이 욱신거린다
누군가의 과거가 될 용기를 지우려고
통증을 말아 쥔 채 영화를 본다

뜨겁고 거친 바람이 관통하는 '바그다드 카페'
마술 같은 이별이 용인되는 라스베이거스 66번 국도
흑인소년이 두드리는 바흐 전주곡은
갓난 아들의 눈동자 속에서 모하비의 태양을 키운다
고장난 커피머신에서 흘러내리는 검은 음악이
깨달음만큼 견고한 모래성을 쌓는다
매춘부가 읽던 '베니스에서의 죽음'을 가로채
우울한 사막을 빠져 나온다
앤딩 크레딧 자막을 밀어 올리며
'Calling You'*가 느린 걸음으로 따라 온다
회전목마를 타고 싶지만

바다로 가는 길이 떠오르지 않는다

나의 미래가 될 용기를 지키려고 신경과로 간다
의사는 염증을 들여다보며 질문을 이어간다
"언제부터 이랬나요"
백색소음에서 퇴출된 후에요
"어떻게 아프신가요"
부러진 화살이 꽂히는 환몽 같은,
통점이 옮겨 다녀요 말초에서 말초로

오른팔을 내리치는 우레가
어깨로 잠입을 시도하고 있다
팔뚝에 핀 장미 타투 위로 번져가는 수포들
띠를 이룬 줄장미가 전면전을 시작한다
처방전을 쥐고
바다 밑에 가라앉은 회전목마를 타러 간다
모래를 헤치고 'Calling You'가 밀려온다

* '바그다드 카페' OST

당일 배송

일 픽셀의 그라데이션도 없이 바뀌어버린 날씨
열대성 툰드라 기후
IT강국 날씨
트위터들의 절묘한 애드립을 읊어보는 아침
아침 8시에 주문한 책 '코스모스'가
당일 배송된 가을날씨처럼
오후 2시의 폭염을 뚫고 도착했다
'코스모스'를 로켓배송해준 온라인서점이
당일배송망 경쟁에서 당당히 살아남은 오후
0-춥다 1-덥다 0-춥다 1-덥다 0-춥다 1-덥다
이진법에 고립된 늦여름과 초가을의 문턱에서
코스모스를 해체해본다
총알배송된 칼 세이건의 농담을 맛보는
핫한 가을이다

배옥주/부산. 2008년 〈서정시학〉 등단. 시집 『오후의 지퍼들』
beaokjy@hanmail.net

김 인 호

화개의 봄밤 외 1편

무슨 말이라도 해보세요!
십리벚꽃 그늘아래 그녀는 몇 번이나 졸랐지만

천상에서 지은 죄 많아 하계로 내려가
말없이 꽃을 받들고 살라는 형벌의 시간인 것을

그래도 하계를 화개로 알아들은 일은
참 잘한 일이다 생각하는 봄밤 일세

감 값

감 값이 똥벼락 맞았다 좁쌀영감 입술을 감물고 감을 거져 따가라는 안내문까지 내걸었다니 감당할 수 없다는 말도 난감하다는 말도 감감하다는 말도 모다 감밭에서 튀쳐 나온 말들이로구나 까치들은 감 잡고 감지덕지 감사감사 울어쌌고

김인호/전남 구례. 광주 출생, 1991년 〈인천문단〉, 〈문학세계〉 신인상 수상. 시집 『섬진강 편지』 『꽃 앞에 무릎을 꿇다』등.
hadongpogu@hanmail.net

정 익 진

동물원 12월 외 1편

낙타의 행렬이 지나가고
그리움의 기린, 기린의 추억들,
타조, 타조의 순간들
임팔라와 같이 톡톡 튀는 그런 문제들
동물은 언제부터 동물이었을까

뿔이 심장이 되고 앞발이 퇴화하여 양팔을 흔들어 대는
그들이 거리를 활보하고 있다
이전에 그들도, 그들 이전에 나도 사냥을 했다
배가 고팠다 숲속에 몸을 숨겼고 초원을 달렸다

동물들이 어떤 표정을 지을 때
그것은 신기루 같은 것,
원숭이는 웃지 않는다
그리고 결코 우리를 웃기려 하지 않았다
어른은 아이의 웃음을 흉내 낸다

거리에는 일루미나리, 빛의 축제가 한창인데
너희는 눈 내리는 어둠 속에서

뭘 하는 거니, 나와서 놀지 않고

불빛 새어 나오는 창문 밖으로 또 눈이 내리고
흐린 날의 공작, 뜨거웠던 날들의 하마,
맑게 갠 오후의 오랑우탄 그리고 달밤의 늑대

뭘 하는 거니, 어서 나와 같이 놀지 않고
배를 만져줄까, 머리를 쓰다듬어줄까

느닷없는 코끼리의 공격에 놀란 얼룩말 한 마리
우리 밖 난간 아래로 쿵, 떨어져 즉사한 적이 있다
지금쯤,

유리알 눈동자의 박제가 되어
밤의 복도를 하염없이 바라보고 있겠다

비닐봉지, 검은

까마귀의 말풍선이다

아무리 슬픔을 덧씌우려 해도 더는 슬픔이
스며들지 않는다

중세의 지하실로 가는 이정표
혹은, 생크림 케이크 속의 박쥐

오늘은 화장발도 잘 받지 않는다

백주에
악마의 망토 자락처럼 나부낀다

검은 봉지가
부리에 매달려 날아가지 않는다
그렇게 점점 까마귀를 닮아간다
고기는 맛이 없었고 왜 그렇게 질긴지

차력사의 입을 봉하고

테러리스트와 납치범들이 뒤집어쓰고 있다
갈가리 찢어진 얼굴 조각들이
더러운 잎사귀들과 함께 아무렇게나 날아다닌다

때론 입가에 핏물 흘리며
양쪽 귀 X자로 불끈 동여매고,

사람들 머리 위로 불현듯 날아들어
부스럭, 부스럭 검은 날개 접고 있다

정익진/부산. 1997년《시와사상》제1회신인상 등단. 시집『구멍의 크기』『윗몸일으키기』『낙타 코끼리 얼룩말』『스캣』ij0715@hanmail.net

김 도 수

김영란법 외 1편

천구백육십칠년
강변에 새싹 돋기 시작할 무렵
공무원, 공무원
노래 부르던 아버지 소원대로
큰아들 마을에서 처음으로
경찰 공무원 되어 집 떠나던 날

너 돈 묵다가 모가지 달아나면
얼굴 두르고 내가 어치게 살겄냐
그날부로 극약 털어 넣고
딱, 눈감아 불랑게 그리 알거라

삼남 일녀 키우며 가장 노릇하는
대로변 불법 포장마차 하는 아짐
내일 의경들 단속 나오니 그리 아세요
슬쩍 흘려주고 가는

삼십일 년 사 개월 재직하는 동안
정보 흘려주는 죄 몇 번 있었다고

정년퇴직하는 날
아버지 산소에 고하였다

빡빡머리 이발

아들입니다, 전화주세요
군대 간 아들 문자다

어릴 때 머리 깎아주던 이발 기계 좀 가지고 와요
아니 거긴 이발 기계가 없냐
아니요, 있어요
근디, 왜
아빠가 머리 깎아주면 좋을 거 같아서요

자대 배치받고 첫 면회 가던 날 저녁
모텔 샤워장 한가운데 컴퓨터용 의자 옮겨
초등학교 때 사용한 이발 기계 꺼내들고
나일론 보자기 씌워 빡빡머리 이발을 한다

아빠 이발 솜씨는 아직도 여전헌디

얼굴까지 날아와 붙은 머리카락 탈탈 털며
이발 끝난 모습 물끄러미 바라보니
아빠의 숨결 듣고 싶었나 보다

쓰다듬던 손길 그리웠나 보다

곤히 잠든 막둥이 아들 깨우기 싫어
쇠죽 끓여 놓은 뒤 아궁이 앞에 앉혀 놓고
빡빡머리 이발을 해주던 아버지 숨소리
영천 땅 모텔 샤워장에서 새록새록 들려왔다

김도수/전북 임실 출생, 2006년《사람의 깊이》로 등단. 시집『진뫼로 간다』, 산문집『섬진강 푸른 물에 징·검·다리』『섬진강 진뫼밭에 사랑비』
kds117@hanmail.net

신 정 민

영문 외 1편

너, 이리 나와
음악 선생이 수업 중에 소리를 질렀다
지휘봉이 겨눈 아이가 우리 앞에 서자
뺨부터 한 대 후려쳤다
부르라는 노래는 안 부르고
왜 사타구니에 손을 넣고 있는 거야
울지 못한 아이가 자리에 돌아가 앉자
선생은 다시 지휘를 시작했다
아무 일도 없었다는 듯
우리는 더 크게 입을 벌려 노래를 불렀다
맞아야 정신을 차린다는
선생의 굵직한 노랫말이 후렴으로
입 속에 돌았다
모두들 책상 위에 손을 올려놓고
뺨이 온통 붉어지도록

피뢰침

전쟁이 끝나지 않은 나라가 있어
어떤 고층 건물들은 아직도 창검을 들고 서있다

잔뜩 흐린 날씨
침을 삼킬 때마다 따끔거리는 목젖

뜻밖의 놀라움을
나는 오래도록 바라보고 있다

돌풍 끝에 앉아있는 까마귀 한 마리
가끔 자리를 비우기도 하는 수비병은

쓸쓸함을 다하며 걷고 있는 행인을 내려다보고 있다

하늘 아래 수많은 창문들
칼끝을 겨누고 있는 서로의 겨울을 견디고 있다

내려놓지 않으면 지키기 어렵지 않겠는가
까마귀가 대신 울어주는 평화

오늘은 앉아있다 날아가는 것으로
이름을 얻는 까마귀가 긴 시간 망을 보고 있다

신정민/부산. 전북 전주 출생. 2003년 〈부산일보〉 신춘문예로 등단. 시집 『꽃들이 딸꾹』『뱀이 된 피아노』『티벳만행』『나이지리아의 모자』
jungmin1204@hanmail.net

조 성 국

별똥별 외 1편

그러니까 고등학교 다니던
어느 날인가
광주 근교 예비군무기고에서 탈취한 M1소총
밤하늘에다 대고
세발
네발 연달아 쏘아대던
전남도청
옥상에서
계엄군이 쳐들어온다는 가녀린 여학생의 새벽방송 들으며
불끈,
그러나 실은
총 맞고 대검 찔리고 개머리판에 곤죽이 된 상무관
시체생각에
겁나서
무턱대고 쏟아 올린 총알들
포물선 그으며
티끌 하나도 건드릴 힘없이 그냥 툭 떨어지듯
시민군을 대변하던 형한테 억지로
이끌려 쫓겨나던

유쾌해서 문득 든 생각

성기는 족보 쓰는 신성한 필기구다
낙서하지 말자, 다시는

라고 쓴, 어느 시인의 자위가 아주 유쾌해서 문득 든 생각

어깨 위로 흰 비듬이 떨어져 수북이 쌓였거나
이제 막 거웃이 돋던 무렵이었을 것이다
나도 몰래 숨어서 급히 갈겨 쓴 낙서를 좀 하긴 했으나
죄로 갈 것 같고
부끄러워서
스스로 참고 또 참곤 하였는데,
장가가서는
지방대학 정문 맡에다 서각열고
인문사회과학 책이나 몇 권 팔아 볼 요량으로 밤새 학습하고
사업한답시고 맨날 술만 처먹느라고
이 필기구로

족보를 부지런히 써 보기는커녕 벌써, 잉크가 굳어버린 볼펜 꼴이 되었다 쳐도
그래도 나는 다만
좀 따끈한 물에 잠시 담가 두면 몇 자쯤은 쓸 수 있겠거니 했지만
신성한 필기구가 다시 되기에는 아예 글러버렸다

조성국/광주. 전남 광주출생. 1990년 〈창작과 비평〉 봄호 등단. 시집으로 『슬그머니』 『둥근 진동』 등이 있으며, 동시집 『구멍 집』.
sunggguk63@hanmail.net

천 보 용

갈대꽃 외 1편

해가 서산에 질 무렵
강 위에 노을이 넘실거린다

연록의 갈대
백발의 노인 되어 허우적거리고

부드러운 갈대꽃은
하얀 빛 되어
한 호흡으로 긴 숨결을 마셔본다

역광과 순광의 굴절이
수시로 변덕하지만 그 모습이
멋스러워 나도 닮아가고 있는 듯하다

강 언저리에 빈 의자
지금은 내 영혼이 쉬어가지만
또 누군가 그곳에 앉아
가늘고 긴 갈대꽃을 바라본다면

책상 위에

널려진 책들을 본다
빈 책꽂이는 책들이 한 권 또 한 권
가을 단풍 모이듯 쌓인다
모양도, 부피도, 속도 다르다

어느 놈 하나 잘 낫다고 으스대지 않는다
먼저 태어났다고 뽐내지도 않고
나이 들었다고 슬퍼하지도 않는다
책상 위 작은 공간을 즐겨하며
자리를 양보하기도 하며
고민, 문제가 있으면 모여서 해결한다
그 안에 답도 있다

실업자도 없고 일자리도 넘쳐난다
빈부의 격차도, 학력, 지연, 격세지감
병든 자도 없고 가난한 자도 없는 푸른 동산이다
두께가 다른 다양성
얼굴은 다르지만 서로 서로 존중한다

책상위에 책안에
너도 있고
나도 그리고 우리가 있다

천보용/경북 성주. 경남 밀양 출생, 〈시에티카〉로 등단.
jangparo@hanmail.net

정 동 수

나는 저항한다 외 1편

살아오는 동안 걸림돌이 없었겠는가

이맛전에서 발전등까지
이력처럼
자잘한 흉터들이 박혀있다

흉진 자리마다 붉은
이빨자국

산다는 것은 벌레에 익숙해지는 것
저들도 따뜻한 체온이 그리운지
숲을 지나면 어느새 나의 품에 깃들어 있다

걸죽한 나의 피를
땀으로 뱉어낸 나의 진액을
무상으로 빨아들이고 있는 녀석들
그러나 나는 아직 살아있으므로

나는 저항한다

나는 아직 이 땅 위에 뒹굴고 있으니
맑은 물소리에 귀를 씻고
새소리를 따라 지저귈 수 있으니
올망졸망 핀 들꽃에 눈이 맑아졌으니
너에게 저항하는 것이다

그러니, 지금은 참아다오
나를 너에게 풀어 놓기엔
지금
나의 피는 너무 뜨겁다

몸에 배다

고향 묵집에는 소주보다
독한 향수를 들이키는 사람들 있다

마주앉은 여자에게 도란도란
건너편 늙은 사내
향수보다 더 진한 다정을 보내는데
고향에 안긴 듯 고요한 여인네 표정

애틋한 그리움뿐일까 고향은
꽃밭엔 꽃들만 있었는가
어쩌면 부부란 이름이 둥지로 읽힐지도 모를
안타까이 여기는 저 살가운 눈빛
저물녘
주홍빛 노을로 서로에게 내리고 있다

다정이 병이라면
나 살아 그 병에 걸릴 수 있을지
아내 얼굴에 전염되어 환해질 수 있을지

낡음이란 때로 버려야 될 것
어느 유전의 흐름인지 알 수 없는
몸속 깊은 이 유물
지독한 억제력을 가진 이 낡은 것,

다정스레 여인과
묵집을 나서는 저 사내
몸에 밴 듯 지독한 모과향 저 미소를

정동수/경북 성주. 성주 출생, 〈시와문화〉 등단, 과수(果樹)농업에 종사
rosan1069@hanmail.net

김 태 수

참 낯선 말들 외 1편

또 새해라니 이 말 참 낯설다
어쩌란 말인가 날들은 제 맘대로 가고
많은 날의 이유들이 빼곡한
그런 달력마저 뺏어 넘기는 당신은 불한당不汗黨이다

지지부진했던 지난 나날들 지우고
수백 새날들 또 받아야하나
새해여, 당신의 오기傲氣는 잔인할 수밖에

시든 몸을 따라잡지 못했다 마음은
열 서너 살 소년소녀라고 또는 백발의 청년이라고?
그 철딱서니며 지랄스런
고약한 수사修辭 속에서 길을 잃었거나
얼토당토않은 넋두리에 내내 파묻혀 있었다

그러므로 당신 새해여
올 해만은 꼭 내 나이만큼만 까불게 하라
꼭 내 그만큼만 철들게 하라

한파주의보

이 겨울 밤 한파주의보를 듣는다
뭐 별일 있겠냐마는
처음 이사 온 그 해 겨울
부실공사로 큰 고드름 주렁주렁 달았던
위태한 하수관下水管이 떠오른다
난실蘭室의 풍란風蘭도 분명 떨고 있을 것이다

너는 그냥 지나쳤다
지하 얼음장 세멘트계단에
머리 파묻고 엎드려 내민 어린 것들
까만 손바닥에 달랑 동전 몇닙
두 눈망울 새벽별 마냥 반짝거리며
착한 노숙자들
지하철 역사驛舍 바닥에 신문지 뒤집고
누웠겠지 문득 부끄럽다

수도관은 괜찮을까
얼 까닭이 없는 풍란의 안부는?
그 어린 걸인乞人도

추악한 인간들은 절대 노숙자일 수 없어!
한파주의보는 느닷없이
가치판단에 서툰 예순 중반의
혼란한 머리를 구타하고

닿을 수 있는 곳
과
없는 곳
의 경계를 오가며 윙윙
더 센 바람 무리를 몰고 와
더 세차게 창문을 흔들고

김태수/경북 성주. 1949년 경북 성주 출생, 시집 『북소리(詩人社)』로 등단, 시집 『황토마당의 집』 외 5권 〈얼토〉 동인, 〈남부시〉 편집위원
sorikkk@hanmail.net

나 종 영

화개花開에서 외 1편

꽃 피는 화개에 와서
강 건너 보고픈 너를 생각한다
연분홍 꽃보라에 얼굴을 묻고 오는 사람들
저기 함께 손잡고 오는 환한 꽃사태여
그립고 그리운 너의 모습을 본다

꽃 지는 화개에 와서
저 멀리 스러져간 어린 별들을 생각한다
바람에 떨어지는 꽃잎이 더 아름답고 슬프다는 것
어깨를 기대고 가는 세월의 뒷모습에서
물가에 젖어 우는
세상의 발자국 소리,

화개 시오리 벚꽃길에 하얀 꽃비는 내리고
저문 강물에 어리는 슬픈 메별袂別의 파문이여
오늘도 고요히 꽃이 피고
오늘도 바람에 꽃잎이 진다

어찌 동백 가슴만 붉으랴

무등에서 내려 물봉선밭 지나니
온 산하 노을이 붉게 물들었다

그립고 그리운 이름이여
어찌 동백 가슴만 붉으랴

소금꽃 같은 저 별들도
오늘 밤엔 잠 못이루어
새벽노을이 더욱 붉으리

나종영羅鍾榮/순천. 1981년 〈창작과비평〉사 13인 신작시집 「우리들의 그리움은」으로 등단. 시집으로 『끝끝내 너는』,『나는 상처를 사랑했네』 등. 「시와 경제」, 「5월시」 동인으로 활동. 현재 〈문학들〉 편집인. 〈남부시〉 편집위원. najoy1@hanmail.net

유 병 근

풍경 보러가서 외 1편

나뭇잎 지는 소리가 있다 바람소리를 한다 바람이 떨어진다 기역ㄱ 자로 허리 꼬부라진 나무도 있다 바위가 허리를 받치고 있다 바위가 자상한 지팡이다 기역 니은을 읽는 공부를 한다 그런 관계다 멀리 다리를 뻗은 산줄기 끝에 입술 나불거리는 바다의 엉큼한 수다를 본다 수다 떠는 세상이라고 한 마디 토를 단다 한 마디가 두 마디 되고 처음의 한 마디를 다음의 한 마디가 무슨 질투처럼 깔아뭉갠다 처음의 한 마디는 숨이 자지러진다 처음의 바람도 숨이 자지러진다 숨이 꺾인 바람과 숨을 꺾는 바람이 비밀처럼 지나간다 상두꾼 소리가 어디 먼 곳에서 들리는 것 같다 마지막 나뭇잎이 크게 편 손바닥으로 가슴을 쓸어내리는 것 같다 그것도 모르고 나는 산줄기를 보다가 바다를 본다 지는 해를 본다 등 돌리며 바람과 타협하는 마지막 나뭇잎과 마지막처럼 쓸리는 바람을 본다 바람 속에 뜬 허수아비 같은 다 찢어진 세상을 본다

오브제

팽나무 아래서 기침이 나온다 두 번 나오고 세 번 나온다 방향 잃은 기침이 타이른다 긴 연속드라마는 이제 끝나고 다음 드라마가 맛보기를 한 장면 올려놓는다 맛보기는 달다 막대사탕을 물고 뉴스 한 토막을 또 듣는다 왠지 시들하다 사닥다리 하나 팽나무 아래 쓰러져 있다 누울 자리 앉을 자리를 잃은 어쩌다 바람에 어쩌다 궂은비에 지친 눈뜬 아우라가 도처에 있다 바람이 아닌 비가 아닌 팽나무는 팽나무 이름으로 서 있다 왜 그런지 겨울이 오고 있다 일기예보도 없이 살다가 거덜이 난 나를 보고 있다 팽나무 하나는 팽나무 둘을 보고 있다 무엇이 어떻다고 말하지 않는 시간 속에서 시간이 가고 있다 저인망 같은 시간의 그물이 세상 밑바닥을 훑치고 있다

유병근/부산. 1970년 〈월간문학〉으로 등단. 시집: 『어깨에 쌓인 무게는 털지 않는다』 기타 yupoem@hanmail.net

이 초 우

토우土雨 외 1편

사위를 알 수 없는 자욱한 하늘, 초읍 도서관이 백양산 치마 끝을 안쓰럽게 어루만진다 공사장에서는 막 참을 먹고 난 망치소리 산자락에 못질을 한다

봄을 건너뛴 여름이 이른 사월의 기스락 끝 봄볕을 떠밀어낸다 황사바람이 달아오른 뜨락에 아슴한 새벽을 풀어놓자 놀란 새들 줄행랑을 치고, 도시가 어두워지고 일기예보가 빗금을 그으며 여윈 흙비를 뿌리고 지나간다

산허리를 점령한 황사먼지 숨을 헐떡거리며 정상으로 기어오르고 침침한 어둠 벗겨지던 칠부 능선에는 물오른 봉분들 부풀어오른다 정상아래 산벗나무들 못을 빼 낸 내 안처럼 더부룩하게 서 있는데, 다시 황사는 산의 몸통을 한 입에 삼켜버리고 무릎까지 내려와 좌우로 몰려다닌다

넘어지고 뒹굴며 벗어나려 했던 나, 바람아 바람아 생각 좀 바꾸어 봐, 몹시 불안해하던 산자락의 벚꽃들,

이젠 연등행렬로 보인다 황사의 뒷모습 훔쳐보며 멀리서 팔짱 낀 빈 하늘의 애드벌룬 내 곁으로 점점 다가온다

목어木魚

세 살 박이 동자승이 형의 등에 업혀 먼 길 가신
어머니를 기다린다
주지 스님 저녁예불 독경 소리 졸고 있던 목어
흔들어 깨우고
긴 하루 지겨웠던 은빛 목어는
처마 밑에 늘어져 있는 동자승을 태우고
깊고 푸른 하늘 물 속 얄랑얄랑 헤엄쳐간다
부엉이 우는 소릴 호랑이 소리라며
앳된 엉덩이 요리조리 흔들어 동생을 달래던 그 형,
물막이 재 부엉이 우는 소리 지금도 오싹하게 들린다
퉁소로 부엉이 소리 흉내 낸 동자승
울음보 터트린 어린별들 죄다 불러 모은다
청아한 퉁소 소리에 아이들은 잠들고
어머니를 기다린다 나를 기다린다
여기저기 하늘 물 속 하얀 시름 풀어놓고
물막이 재 오르는 어머니 목 시린 쇠 소리, 끝없이 푸른
형의 등에 파묻힌 동자승
일렁이는 잠결로 목어의 등지느러미 간지럽히며

처마에 고여 있는 청개구리 연못으로
새벽 예불 전까지 기어이 돌아가리라

이초우/부산. 경남 합천 출생. 2004년 『현대시』 등단. 시집 『1818년 9월의 헤겔선생』 『웜홀 여행법』 chowoo21@hanmail.net

김 보 한

붉은 땡추들 외 1편

우리는 소외 받은 붉은 땡초들입니다.
늦가을 수확기가 지난 황량한 산비탈 밭에서
깡마른 고추 대에 댈롱댈롱 목이 달린
은연중에 눈 맞춤 대상이었던 그렇고 그런 땡초들입니다.
두툼하고 길쭉해서 건조대에서 사랑받거나
고 품질로 특별히 값 쳐진 적이 없는
주인 잘 만나 퇴비 자양분으로 윤기 흐르거나
능력보다 더 특출한 대우를 받은 적 전혀 없는
항상 권력 쪽에서 이권에 혈안이 된 적도 없는
모지라지고 쪼그라져 쬐끄만 해 볼품없는
한 떼의 무리로 불리는 검붉은 땡초들입니다.
그러던 중에 쓸모 있어 제몫 챙길 오늘에서야
선두에서 촛불에 촛불을 밝힌 비밀결사 땡추들
온 들판은 민중총궐기의 혈기 다양한 파노라마
입안을 한껏 얼얼하게 쏘아대는 핏대들입니다.
펑펑 눈물을 흘리게 할 겁 없는 투사들로 변한
거룩한 꽃 축제의 바다에 결곡한 목숨들입니다.
겨울에도 얼지 않는 거대한 백두폭포입니다.

쭉정이 고구마

시절이 하 수상타 한데
고구마 넉 줄 뒤지러 간다.
번개 콜택시 타자 시절이 이런데 어디 가느냐고 한다.
부끄럽게 내일 비 온대서 서리 들기 전에 고구마하고 말꼬리 감췄다.
뭉게뭉게 피어오른다 땅을 파고 골랐던 그 시절이
시절이 수상한데 그 속내나 알까하고 오늘 딴청 피우러 간다.
시국이 급한데 고구마 줄기를 걷다가
시국과 고구마 고랑 사이에서 눈물이 펑펑 솟는다.
시팔 울분이 왈칵 난다 일찍이 멧돼지에 밟힌 한 줄을 파다가
번뇌로 눈알이 충혈 된다 나머지 석 줄의 속내를 뒤지며
고구마 작황이 3년 내리 쭉정이라네 길 가던 동네 분들이
고라니가 입을 다셨다고들 하고
입방아가 한창이다 교활한 쥐새끼 땅 파는 재주 탓으로

겉으론 그럴싸한 오늘의 고구마 밭을 하염없이 뒤지며
시궁창 속 한 가닥 그나마 찬란한 햇빛을 보듬는다.
쭉정이 고구마를 마대자루에 쓸어 담으며
실상이 드러나자 허리마저 꼬인다.
우리 동네 걱정들이다 거듭 용케 겨울나기를
아리랑 스리랑 고개고개를 탓하다 말고

김보한/통영. 1955년 경남 통영출생, 1986 〈경향신문〉신춘문예 시조 당선, 〈문예중앙〉 1987 가을 호 시 등단. 시집 : 『툰드라를 떠나는 영혼』, 『새끼를 깐다』『진부령에서 하늘재까지』 외 4권. 시조집 『고향』 외 2권. 연구서 『탁상수의 발자취와 詩세계 고찰』『장응두의 인생과 詩세계 연구』 현재 『시계(詩界)』발행인, 『현대시조』주간, ≪초정기념사업회≫ 추진위원장. sigepoem@naver.com

이 응 인

전기는 네 DNA로 흐른다 외 1편

전기는 흐른다. 경운기 모는 네 큰집 조카의 눈물에 올라앉아 흐른다. 지금 네 눈물은 아니지만, 너희 모친 호미 자루 위 맑은 하늘길 피눈물로 흐른다.

먹고 마시고 웩웩대는 저 눈부신 거리가 눈물바다이다. 전기는 흐른다. 재벌 3세의 배를 채우기 위해 허리 구부러진 네 아들 딸들의 눈물샘에서 싹이 터 흐른다. 지금 네 눈물은 아니라고 되뇌는 동안, 구멍가게 문틈이며 미장원 창문으로 몰래 들어와 전기는 흐른다. 마켓이며 마트며 백화점이란 옷을 입고 에어컨의 심장을 타고 엘리베이터의 힘줄을 잡고 100층까지 전기는 오른다. 시골 노인의 등골을 뽑고 꽃 피는 아이들의 피를 말려 전기는 빌딩 한 층을 더 높인다.

밀양 청도 삼척 울진 영광 안성 광주 부산 서울 후쿠시마 체르노빌 스리마일 지구를 돌고 돌아 전기는 흐른다. 지금 네 눈에는 보이지 않지만, 세슘-137 스트론튬-90 이름도 모르는 DNA로 자손만대에 흐른다.

그게 뭐든

땅으로 뻗은 발이
대지의 포옹을 받지 못한다면
그게 시이든 철학이든,

하늘 향해 내민 잎이
세상에 말을 걸지 못한다면
그게 건축이든 조각이든,

꽃을 피워 벌들에게 꿀을 나누고
열매 맺어 누군가의 먹이가 되지 못한다면
그게 종교든 경영이든 정치든
세상에서 무엇이라 떠받들든

다 죽은 것이다.

이응인/밀양. 경남 거창에서 남. 1987년 〈전망〉 5집 등단. 시집으로 『투명한 얼음장』, 『따뜻한 곳』, 『어린 꽃다지를 위하여』, 『그냥 휘파람새』, 『솔직히 나는 흔들리고 있다』 등. len41@hanmail.net

정 대 호

연인 외 1편

힘든 일 있으면
서로
어깨를 팔로 안아 감싸주고
몸도 마음도 모가 나서
세상살이 힘들면
둥글게 어루만져준다.

먼 훗날
웃으며 얘기할 수 있게.

제목이 없다(無題)

그는 생각에 잠겨 있다.

지금 머릿속은
또 무슨 생각이 있어서일까.
네 몸 속에 또 다른 네가 있듯이
끝없이 배반하는 일상 속에
네 이름을 무엇이라 부를 수 있으랴
나는 너를, 너는 나를
무엇이라 규정할 수 없어
이렇게 난감하다.

그래서, 그냥, 생각하고 생각해 볼 밖에.

정대호/대구. 1958년 경북 청송 출생. 문학박사. 1984년 〈분단시대〉 동인으로 활동, 시집 『다시 봄을 위하여』, 『겨울산을 오르며』, 『지상의 아름다운 사랑』, 『어둠의 축복』, 『마네킹도 옷을 갈아입는다』 평론집 『작가의식과 현실』, 『세계화 시대의 지역문학』, 『현실의 눈, 작가의 눈』, 〈사람의문학〉 발행인 sarammunhak@hanmail.net

박 구 경

단상

어떤 때…
가끔 나도 모르게 눈물이 뜨거웠지
눈에 쌓인 지리산…
눈에 시린
덕유산을 멀리서 바라볼 때

천 리를 달려
서울시청 광장에 가 이 나라 이름을 외쳐 부르다가…

마른 장작처럼 죽어 가는 어머니…
괜히 엄마가 불쌍할 때

하야! 탄핵!
다시 광화문에 모여 그 기쁨과 슬픔이 뒤엉키는 때

유모차 어린 애들의 모습이
동요하지 않는 하나의 촛불로 겹쳐질 때

아주 단단하고

차가운
깨어지지 않는 돌멩이처럼

나도 모르게 눈물이 뜨거운 때
내 애들이어서가 아니라
꼭 내 조국이어서가 아니라

김해 김씨 울 엄마 창순이

아무도 없는 곳에 일흔 해 전 누가 심어둔 꽃이니
봄 마중 나비가 날은다
노란 꽃이 무너지며 한 고뇌가 두 고뇌를 홀연 넘어 간다
먼지가 피고 아지랑이가 피고
그 뒤에 엄마 모습을 한 우리들이 여럿으로 모여 있으리
하루 전만 해도 한 달은 더 버틸 거라고
생선을 굽고 소주를 따르며 조금은 나태했던 것처럼

박구경/경남 사천. 1956년 산청 출생. 1996년 「하동 포구 기행」으로 등단. 시집으로 『진료소가 있는 풍경』 『기차가 들어왔으면 좋겠다』 등, 〈얼토〉 동인. 경남작가상 수상. omak0604@naver.com

박 관 서

째보선창 외 1편

여그가 첨이었을 거시여. 긍께, 다도해 바다와 영산강 만쿨텅이가 다 보이는 만호동 언덕빼기사 고려적 백제적부터 아, 그 수달이 나대령이 같은 군바리들 차지였겄제만.

여그, 퍼질러 앉은 엄니가 풍성한 가랑이를 벌려 바닷일로 험상스러진 사내들과 굴딱지처럼 탱글탱글헌 아이들을 품어 안고 하루쬥일 햇살 비추는 다순구미 언덕지에서 살아가던 동네였응께.

긍께, 한마디로 배부르고 등 따셔서 최고였던 곳잉께. 허기사, 그제나 이제나 서로 못 잡아먹어 안달이나 눈알이 삔 것들이사. 저그들끼리 역사니 나라니 뭐니 검은 속내들을 독사리처럼 피워 물고 뜯고 난리들이제만.

여그사 서너 평 울타리 안에서도 서로의 어깨에 어깨를 묻으며 맑은 표정으로 한 철 피었다지는 붕숭아들맨키로 착허고 순헌 맴길로 살아들 가는 우덜잉께.

아 그렁께.

여그가 을매나 처음인 거시것어. 안 그려, 보름달 뜬 밤에 지금은 곧게 펴진 아리랑고개를 넘어 돌아오다 보면 아 그려, 꼭 엄니의 태중으로 들어가는 것 같당께. 아 그런당게.

장마비에게 물음

검은 선글라스를 쓰고 어디로 가는 것이냐
옆구리에 달려 재재거리는 박새 둘을 데리고
집의 문을 나서서 이 새벽에 도대체
어디로 가는 것이냐 그래 십여 년 넘게
꽃이 되고 가시가 되어 서로가 서로에게
넝쿨로 엉켜 살아 온 사내를 두고 그 사내의
식모와 마누라와 노리개와 어미였던 여자의 멱살을
잡아
뒤집어 엎어놓고 아이 둘을 챙겨서 이 아등 물고
집을 나선 그녀 앞에 장마비가 내린다 조금조금
스커트 자락을 적시며 불러놓은 부름택시는 오지 않고
왠지 모르게 금세 풀이 죽은 아이들도
비에 젖은 화장지처럼 말이 없어, 그래 그 그래
어디로 쏟아지는 것이냐 낮고 음습한 하수도를 지나
얼마나 크고 깊은 강이나 바다에 이르러
우당탕탕탕탕탕탕 저도 나도 없이
부서지고 싶은 것이냐 부서져 원 없이
울어보고 싶은 것이냐 이, 말없이 한 세상
살아보고자 목숨 걸고 찍소리 없이 흔적도 없이

지워져 가는 이, 못난 사내야 계집아
어디로 가는 것이냐 뒷등에 앉은 부엉이가 고요히
눈을 뜨며 접힌 날개를 펴는 이 환한 아침에

박관서/광주. 1996년 계간 〈삶, 사회 그리고 문학〉 신인상 등단, 제7회 윤상원문학상 수상. 시집 『철도원 일기』, 『기차 아래 사랑법』.
ddh21@hanmail.net.

차 승 호

홍탁삼합 외 1편

-그래, 쌀자루

더 이상 폐가 망가지기 전에 담배부터 끊으시오. 건강검진 결과에 따라 금연처방 받으러 애린의원에 들렀는데, 의사 선상님 책상 위에 눈앞에서 보기는 처음인 환자 설명용 샘플 비아그라가 앉아 있는 거라.

오오, 말로만 듣던, 그 변강쇠(?). 금연 상담보다 먼저 호기심 눈길 던지니 애린의원 의사 선상님 다 안다는 듯 금연 처방과 더불어 감사하게도 비아그라 처방은 어떤지 은근슬쩍 물어주시는 게 아니겠어.

마음은 불감청이언정 고소원이올시다, 하고 싶었지만 입안에서 나온 발화는 글쎄올시다, 나이가 나이니만큼 그전 같지는 않지요.

뭔가 꺼려진다는 듯, 나는 괜찮다는데 애린의원 의사 당신이 은근히 권해서 비아그라를 어쩔 수 없이 처방 받는다는 뉘앙스의 그러나 울고 싶은데 뺨 때려주는 격이올시다, 하는 간절한 눈빛으로 지짐벅거려지는* 거라.

한 번 써보시지요. 아, 뭐, 아직은……, 고맙습니다.

약국에 들러 처방전을 내미는 손이 조금 쪽 팔렸지만 비아그라 여덟 알이 드디어, 마침내, 그리하여, 그러므로, 그럼에도 불구하고 주머니에 들어온 거지.

비아그라 여덟 알. 이 기분을 뭐라 해야 할까, 금단의 열매를 손에 넣고 금기의 세계에 슬쩍 발을 디민 것 같은 기분이랄까.

집에 들어오자마자 애들 눈을 피해 턱하니 책상 서랍 자물쇠를 채워놓고부터 왠지 마음 뿌듯해지고 째지는 것이 나만의 은밀한 비밀이 생긴 것 같기도 하고, 약육강식의 무림 강호에서 든든한 호신부의 아이템을 장착한 거 같기도 하고, 감추면 감출수록 天下第一人이 된 듯 仰天大笑가 터져 나오는 거라.

음파핫핫핫핫핫……

그렇다고 뭐 특별하게(?) 사용할 데가 있는 건 아니지만 정처 없던 삶에 등 기댈 언덕을 만난 것 같다고나 할까.

끝나지 않는 잔치가 없듯 격정적인 순간이 지나고 곰곰 들뜬 마음 진정하고 생각해 보니 이런 비슷한 기분은 살아오면서 가끔 있었던 것 같은 거라. 돌아가신 아버지도 떠오르고 마음 싸한 거 있지.

그래, 쌀자루.

시골집에서 가져온 쌀자루 베란다에 들여놓을 때마다 갱년기 빈 서랍에 처방받은 비아그라보다는 좀 더 정결하고 은근한 웃음이 저절로 번지는 것이 내복 없어도 한겨울 끄떡없이 건널 수 있을 것 같고 그랬거든.

그렇구나, 조상의 위패 같은

*매끄럽지 않고 어물거리는.

홍탁삼합
- 유레카, 똥파리가 새다

그들은 4인조이다. 아침마다 아니 시시때때 70년대 송방이나 가겟방에 가까운 허름한 슈퍼 앞에 앉아 소주에 막걸리를 섞어 마시는 그들은 언뜻 보면 노숙인 같지만, 아니다 그들은 주민센터에서 생계비를 받기도 하는 생계가 곤란한 4인조이다.

한 번은 담배 사러갔다가 그들이 먹는 안주를 본 적 있다. 불어터진 컵라면과 오래됨직한 오뎅과 국물, 잘게 쪼개놓은 삶은 계란 한 개. 곤란한 생계가 곤란하지 않도록 단표누황, 박주산채, 안분지족, 단사표음을 즐기는 4인조의 표정은 그것으로도 충분히 충만해 보였다.

그들은 트레이닝복의 원조 격인 흰색 줄무늬 투-밴드 푸른색 추리닝 차림에 삼디다스* 쓰레빠를 꿰고 거리를 배회하다가도 그들만의 술시가 되면 슈퍼 앞에 앉아 소주에 막걸리를 마시며 별일도 아닌 것을 가지고 큰소리로 웃다가 큰소리로 떠들다가 큰소리로 싸운다.

씨벌헐, 느그들하고 다시 술 먹으면 사람이 아니다.

비가 오나, 눈이 오나, 바람이 부나, 해가 뜨나, 해가 지나, 처용처럼 도깨비처럼 춤추고 싶은 보름달이 뜨거나, 언제나 지겨운 마지막 레퍼토리.

조금 전부터는 영화배우 유해진하고 축구선수 박지성이 배 다른 형제라고 생전 씻지도 않은 것 같은 검은 얼굴 2인조가 바락바락 우겨대고, 니코틴에 찌든 누런 이빨 2인조가 담배를 피우며 영화배우 유해진하고 축구선수 박지성이 배 다른 형제면 똥파리가 새라고 외친다.

닮기는 많이 닮았지. 인터넷에 떠도는걸 보면 형제처럼 닮기는 했지.

나도 모르게 그들의 목소리에 귀 기울이며 담배를 태워 무는데 검은 얼굴 2인조의 기세가 꺾였는지 똥파리가 새라는 누런 이빨 2인조의 목소리만 우렁우렁 울린다.

어디서 주워들었는지 모르는, 똥파리가 새라는 표현이 새삼 마음에 스며들었는지 유해진도 박지성도 쏙 들어가고 다음에 또 써먹겠다는 듯, 지겨운 레퍼토리도 잊어버린 듯 은유만 남아 유쾌하다.

멸치 대가리에 고추장을 콕, 찍어먹듯 생애 처음으로 은유의 고추장맛을 본 것인가? 아르키메데스의 환희에 찬 목소리처럼 갈갈거리며 한 건 건졌다는 듯 어디 가서 이런 기막힌 표현 찾겠냐는 듯 우쭐거리며 유레카를 외친다.

유레카, 똥파리가 새다.
유레카, 똥파리가 새라니깐.

연배가 동네 꼰대는 아니고 놈팡이에 가까운 4인조 조차, 툭하면 별일도 아닌 것을 가지고 큰소리로 웃다가 큰소리로 떠들다가 큰소리로 싸우는 4인조조차 감탄하게 만드는 이걸 어떤 은유라고 해야 할까?

무식하게 습관적으로 시 나부랭이에 써먹던 은유의 힘 앞에 나는 잠시 담배 타들어가는 것도 잊어버리고 똥파리가 새인가에 대하여 심도 있게 고뇌하는데

어어 유레카 유레카, 파리목 똥파리과에 속하는 덩치 큰 붉은 눈깔의 똥파리 한 마리. 족히 한 발은 넘을 것 같은 날개를 펼쳐 송골매처럼 날렵하게 눈앞을 스친다.

*유명 스포츠 메이커를 빗댄 싸구려 상표를 지칭함.

차승호/부산. 2003년 시집 『즐거운 사진사』로 작품 활동. 시집 『얼굴 문장』 외. hosung38@hanmail.net

박 윤 규

늙은 버드나무를 경배함 외 1편

그대가 보낸 서신을 읽었네

불길하다거나 결국은 서러운 욕망들의 곁을 지나치며
집으로 돌아가는 길
바람이 불고 오월의 해는 길다
한 발짝씩 흐려져가는 내 눈眼 속에 들어온
아, 백년의 업보
법륜도 경전도 과오도 마음에 두지 않고
제 몸에 바람의 길을 내면서
일몰의 희망 일몰의 절망, 그 끝을 매섭게 후려지고
선 것은
늙은 버드나무
이 아름다운 성자聖者의 저녁
좁은 골목길에 죽비소리 가득하다

봄이 와도 봄 같지 않고
하늘에 뜨는 모든 별자리들은 수상한데

그대 어떻게든 안녕하신가

꿈꾸다 만 것 같은

바다가 아래로 내려다뵈는 산모롱이를 지나
한참을 누구와 얘기하며 걸었는데도
그와 깔깔대며 웃고 장난쳤거나
마음의 걱정거리까지 나누었던 것 같은데
그러고서 하루를 지났을 뿐인데
그가 누군지 기억나지 않는다
길이 어떻게 울퉁불퉁하였다거나 굽어져 있다거나
그 길의 시작이 어디쯤이었는지
다만 봄안개 가득하였고
어느 집 낮은 돌담 너머로 노란 개나리
안개와 개나리가 무척 잘 어울리는구나 하는
개나리 꽃잎에 닿으면 안개도 개나리 색이 되는구나
하는
그것을 알고 가슴이 쿵쿵 뛰었던
어쩌자고 그것이 어제 기억의 전부인 것일까
오늘 아침, 꿈꾸다 만 것 같은

박윤규/부산. 남해 출생. 시인, 캘리그라피 작가. 현재 '물고기공방' 운영. 시집 『꽃은 피다』 외. pyk5050@hanmail.net

박 정 애

화개동천, 꽃이라 하자 외 1편

하늘도 못 울린다는 지리산천왕봉 만근의 청동 종, 만삭의 보름달이라 하자 둥둥 쇠북이라 하자

청동종 다 울리고 난 하얀 달이 물 속 맑게 비추는 화계동천 꽃그늘 내리는 소린 손톱 밑까지 환해지는 청화백자 운용문雲龍文 연적이라 하자
한 번치면 우레 소리, 두 번 치면 산천기세로 삼세번에 의사들 구름같이 모여, 다섯 여섯 두드릴 때 왜적모가지 추풍낙엽 흩날린다는 단재 북소리라 하자

신선이 된 구름시인 시서詩書는 불일폭포 일필휘지 내리긋는 향기로운 묵향의 땅, 아득한 먼 허공창천 봉새봉황이 물의 처음인 천산자락 거슬러 오르는 섬진강줄기 따라 물위의 새가 물밑 새보는 청동거울이라 하자

삼포지향 화개동천 밤물소리 옥을 깎았으면 옥적玉笛이라 하자

새벽물안개로 일어서는 천년 묵은 침향목 향기로 피

는 매화에 봄 온줄 알고 제금 난 꽃가지 꺾어 머리에 꽂고 각양의 웃음꽃 근 십리로 뻗친 쌍계사 혼례길 거니는 꽃바람 감성지휘자 손짓발짓은 비천무라 하자 노래라 하자

대쪽기개 비단의 문장가들 첩첩심금 울리는 북천역 기적소리라 하자

꽃 지고 눈 내리면 섬진강 대숲이며 하동송림 푸른 줄은 세상이 다 알아도 필설로는 다 못할 섬진강백금의 모래 눈이 아려서 다 못 봤다하자.

DMZ

아들아, 어미는 원래부터 무지랭이란다
색깔론이란 게 뭔지 분별판단이 안 되는
색명이란다
가진 거 없이도 가진 게 많아
살과 뼈를 다 주고도 없는 것까지도
주고 또 싶은 게 어미란다
조국이란 그런 거란다

무조건이고 막무가내 이성 없는 맹목이란다
자식사랑이란 그런 거란다
모나고 둥근 것
잘 나고 못 난 것
터울이 졌거나 말거나
위아래 없이 동서남북, 모두가
어미 눈에 똑 같은 거란다
조국이란 그런 거란다

아들아, 형제가슴에 겨눈 총부리
방아쇠를 당기느니 차라리

이 어미를 쏴라
이 아비를 쏴라

전쟁놀이 불꽃놀이 그런
위험한 놀이 말고
윷놀이 연날리기 딱지치기 재기차기
기마타기 널뛰기 그런 거 하고
놀 거라 아들아

박정애/부산. 1993년 〈국제신문〉신춘문예 시 당선. 97년 〈경향신문〉 신춘문예 시조 당선. 시집『가장 짧은 말』『초록고전을 읽다』외 5권. 〈얼토〉 동인 jjaturi79@daum.net

김 청 미

하루 외 1편

중얼거리는 틈으로도 새어나가는 시간
서둘지 않으면 흔적도 없다

조바심, 강박, 편두통으로
오늘 얼마나 많은 알약을 셈해야 할까
짜증과 불평 그리고 재촉

습한 곳으로 돋을 통증을
구김 없이 만져야하는 손가락 틈으로
많은 세월을 흘려보내고
무엇으로도 채워지지 않는 잠은 문 밖에 서 있어
아침은 먹을 것 없고 차갑게 식은 밥상 같다

절망하지 않기 위하여 희망하지 않아야 하는
시간은 무엇을 가르쳐 주려고
날마다 숨 가쁘게 다가오는 것일까

다시 알람이 울린다

날마다 같은, 다를 수도 있는
하루가 도착 했습니다

꽃 지던 해

열두 경락經絡이 닫혔다 열리고 열렸다 닫히면서 억울하지도 분노하지도 못했던 핏덩이가 쏟아진다. 밤은 잠을 허락하지 않았고 누구라도 작정하고 원망하며 마침표를 찍으려던 그 해

스무여드레마다 돌아가던 몸시계 멈추니 뼈마디도, 일상에도 틈새 숭숭 뚫려 가속되는 미움의 제어장치 내릴 수 없어 쉬이 뜨거워지고, 다치고, 닫히느라 아프고 슬프고 우울하고…

김청미/광주. 전남 해남 출생. 1998년 〈사람의 깊이〉 등단. 현 충북 음성에서 새생명약국 운영. parm64@hanmail.net

유 종

동지여 외 1편

파업 52일 째 침묵은 길어지고
깊어진 눈 속을 들어갔다 나오는 바람들
구호처럼 끊어지는 말들
담배 한 대 피워 무는 몇 분간의 침묵과
전망의 날숨과 들숨들
전위의 깃발과 후위의 결의를
파고드는 아이들과 아내
지부장의 말꼬리라도 잡아야
무거워진 가슴 한켠이 비워질라나

성과연봉제 저지
노사합의 이행
안전인력 충원, 지극히 평범한
삶의 진로를 지킬 수 있으려나
내 허기진 공복을 채울 수 있으려나
자본에 물어뜯기는 아픔보다
일찍 전선을 이탈한 동료가 외면하는
눈길이 가슴을 후벼 파는 총파업
사수 부사수가 동지의 인연으로 다시

어깨 걸고 나선 야간집회
축상을 촉수하던 손끝으로
만지는 투쟁의 깃발
돌아가고 싶다
그러나 돌아갈 수 없다
그러나 돌아갈 수 없다

우리가 깨야 할 것들이
풀어야할 문제의 답이 눈앞에 있다면
이제 좀 과묵해져도 괜찮으리라
동지가 정비하고 동지가 이끌고 동지가 전호하는
파업열차 견고하지 않는가
곧게 뻗은 선로위에 서있는 동지여
이만오천볼트 전철주 위에 매달린 동지여
반동의 요설들 박살나지 않았는가
동지여

베러 불었네

인자 베러 불었제잉.

그라제 대통령 꽁돼야 불었제.

그랑께잉~ 그란디 우째 저라고 되불었으까이.

아따, 뉴쓰를 콧구멍으로 본다냐 귓구멍은 폼으로 뚫고 댕긴다냐.

금메 저놈의 뉴쓰만 보면 눈구멍하고 콧구멍이 콱콱 맥힌당께.

아 순실인가 뭣인가 고것하고 대통령하고 염병지랄했다 항가.

워메 여자들끼리 지랄했다고? 그라고 쩌그 산밑에집 순실이?

하따 고것이 재주가 매주네 대통령하고 붙어 묵을지도 알고, 으째꺼나 출새는 했네잉.

내가 복장 터져서 못살것다 빗지락한테 가갸거교를 갈치고 말제.

아니 닭 모시 주라 했등만
닭장 문 열어 놨다냐
저 화상을 으짜끄나

나락 찍을라고 널어 놨는디
오메오메 저 달구새끼를 꽉!

유 종/목포. 전남 해남 출생, 2005년 〈광주전남작가 신인 추천〉 및 〈시평〉 여름호를 통해 작품활동 시작, jongyoo@hanmail.net

임 동 확

광장의 시간 외 1 편

—2016년 11월 혁명에 부쳐

그 누구도 주인이 아니면서 누구나 주인이었던 광장. 낡은 법과 제도의 담장이 무너지고, 불가능한 사랑과 이별이 시작되고, 저도 몰래 눈물이 터지고…. 그러나 여전히 아무것도 완성되지 않는 시간의 광장. 저마다 지은 죄를 고백하고, 한 치 양보 없는 증언과 반론이 오가고, 느닷없이 후회처럼 눈물이 쏟아지고…. 보다 확실하고 보다 투명한 승리를 예감하며 모두 촛불을 켜 올리는 광자의 시간. 새로운 시민헌법이, 새로운 시민헌장이, 새로운 시민의회가 선포되고…. 그러나 너무나도 오래 갈망해 왔던 자유의 광장. 누군가 "지금 우린 어느 땅에 살고 있습니까? 참으로 이 세상이 괴롭기만 합니다."라고 외치고, 누군가 그 목소리에 가만 귀를 기울이며 박수를 치고, 누군가 연단에 올라 전혀 다른 세계의 꿈과 사상을 열변하고…. 어쩌면 가장 불행하면서도 가장 뜨거운 구원의 열망을 꿈꾸어온 연옥의 광장. 참았던 욕설이, 분노가, 슬픔이 봇물처럼 마구 터지고…. 그러나 가장 강력한 고독의 밀도를, 혁명의 미래를 위하여, 기꺼이 자신의 이름이나 가진 것마저 꽃처럼 내던지며 모여드는 시간의 광장. 치안이 마비되고, 반동이 오고, 또다시 긴 침묵이 시작되고…. 그러나 우리가 되찾은 권리와 의무로 우뚝한 깃발들이 긍지처럼 펄럭이는 이 광장의 시간. 순식간에 인도와 차도의 경계선이 지워지고, 한 사랑이 끝나기도 전에 또 하나의 사랑이 밀려오고, 뜻하지 않는 첫눈이 축복처럼 우리들 머리 위로 쏟아지고… 군중이라고, 민중이라고, 인민이라고, 아니 더 이상 아무 것도 아니라고 해도 좋으리라. 정작 가난처럼 이름 없는 시민들이 결코 보이지 않는 힘으로 출렁이는 바다처럼 꿈틀대고, 뿔뿔이 흩어져 빛나던 촛불들이 거대한 횃불로 타오르고, 전혀 낯선 불멸의 예술과 철학과 인류가 탄생하고, 여태껏 보지 못한 가장 깨끗한 희망의 눈물이 마구마구 쏟아지고….

몽탄역*

역사는 승자의 기록이라지만
패배도 역사다
막무가내 달려오는 기차 같은 역사가 아니라
그 기차가 지나간 뒤의 텅 빈 철로 같은 역사가
어두운 강변 갈대밭 속의 매복군처럼 스며드는 몽탄역
오로지 패배할 수밖에 없어
패배를 기억할 수밖에 없는 자들이
어디 호소할 길 없는 저들만의 슬픔을,
오직 제 몫으로 남은 역사를 노래 부른다
패배함으로써 이기는 것이 아니라**
밤 봇짐 싼 누이의 뒷모습처럼
결국 패배를 위한 패배가
끊일 듯 꿈의 여울을 타고
또 하나의 신화로 희미하게 깜박이는 간이역
행여 미리 패배를 예감하거나
틀림없이 패배할 줄 알면서도
넉넉히 그 패배와 맞서온 패자의 후손들이,
단 한 번도 역전하지 못한 패자의 역사,
애초부터 누구도 최후승자가 없는

유전의 역사를 합창하며 불러내고 있다

*전남 무안군 소재의 '몽탄역' 이름엔 고려 태조 왕건에 의해 패한 견훤의 신화가 반영되어 있다.

** '지는 자가 이기는 게임(Qui perd gagne)' 이라는 사르트르 말의 변용.

임동확/1959년 광주 출생. 1987년 시집 『매장시편』을 펴내면서 작품 활동 시작. 시집 『살아있는 날들의 비망록』『운주사 가는 길』『벽을 문으로』『처음 사랑을 느꼈다』『나는 오래전에도 여기 있었다』, 『태초에 사랑이 있었다』, 『길은 한사코 길을 그리워한다』, 시론집 『사람이 꽃보다 아름다운 이유』등을 펴냈다. 현재 한신대 문예창작과 교수로 재직중이다.

korpoet@hanmail.net

정 양 주

금남로를 걸었다 외 1편

도로가 광장이 되는 순간
옆 사람과 어색한 인사를 나눈다.
반가움이 울컥 일다가 금방 멋쩍어진다
금남로 찻길에 앉으면 늘 이렇다
우리밀을 사랑했던 농부, 흥이 많았던 할아버지
먹먹하게 노제를 마치고
운구차를 따라 금남로를 걸었다.
영정 속 동그란 미소
함께 걷는 알만한 얼굴들 낯익은 깃발
슬픔보다 부끄러움으로
흘러들어 40년을 살아온 도시가 늘 버겁다
금남로에서 망월동으로 가는 길은 언제나 멀다
수십 년 몇 번이나 똑같은 일이 반복된다
서방 사거리에서 옆길에 앉았다
골목마다 차마 돌아서지 못해 서성이는 발들이 많다
그래도 돌아가는 길은
무거워진 다리를 살금살금 디디고
팔랑이며 마르는 저 건물 옥상의 빨래처럼
부드럽게 가벼워져야한다
늦가을 햇빛도 은행잎을 허공에 띄운다.

월식月蝕

운주사 돌부처는 와선중이거나
입선중이지만 입술웃음을 매달고 있다.
찜질방 그리운 부처는 누워
땅 아래 마그마 끓는 소리를 기다리며
띄엄띄엄 내리는 눈송이에
입을 벌리고
바람을 닮고 싶은 부처는
참새를 불러 겨드랑이를 내어주고
콧김으로 마른 단풍잎을 공중에 올리기도 한다.
몸은 이미 육탈하고 머리만 남은 부처는
근엄하게 입술을 붙여보지만
코 끝 바람에 재채기 참느라
턱을 목 아래로 끌어당기고

그래 누구나 이곳에서는
언 땅에 경배하며 무릎 꿇지 않고
나란히 서거나 다리 꼬고 앉아 입김을 나눈다.
덩실 솟은 달 혼자 안타까워
그래도 부처인데 맞먹느냐고 슬쩍 눈을 흘기고

첫눈이 그 달 얼러 땅 위로 안고 내려오면
어둠 속에 키득거리는 별들
부처들 속으로 숨고

정양주/광주. 1960년 전남 화순, 1989년 〈무등일보〉신춘문예 등단.
jyjjj20@hanmail.net

고 영 서

인어의 시간 외 1편

물속에서 비단을 짜내 뭍으로 나와 장사를 하던 사내가 있었다

비단을 팔고 나서 바다로 들어가기 전, 묵었던 여관 주인에게 숙박비를 지불하는데 여관 주인이 그릇을 내오면 그 위에 얼굴을 대고 울더라는 것

그 눈물 굳어 진주가 되었다는 저인邸人*의 이야기를 듣다 집으로 가는 길

포차의 불빛 속에 낯익은 그림자가 어른거린다

봐도 그만 안 봐도 그만인 드라마는 배경으로 깔아두고 재벌과 그 2세와 출생의 비밀 사이에서 왔다갔다 하는 밀당들 (곧 죽어도 노동자가 주인공인 드라마는 없는 거지 거기에는 일만하고 돌아와 쾨쾨한 냄새를 풍기는 아버지도 없고, 부황 뜬 나도 없고, 손가락이 잘려나간 그대도 없고)

부초처럼 떠 있는 고통을 잠재우려 어깨가 들썩인다

에어간판이 부풀어 오르는 노래방으로 한 무리의 사람들이 유영한다

밀물의 바다가 지느러미에 닿는다 가자,

『산해경(山海經)』, 정재석 역.

하나분식

장보러 왔다가
허기진 참에
혼자 들어선 것인데
누군가 동행한 듯한

솥은,
양동 전체를 휘감고도 남을
김을 뿜어 올리고
청양고추에 들깨가루 풀어
밥 한 사발
오지게 비우고나니
식탁 모서리에 글씨가
또렷했다

"노무현 대통령
국밥 드신 자리"

고영서/광주. 2004년 〈광주매일〉 신춘문예로 등단. 시집 『기린 울음』 『우는 화살』 yuongsimi@hanmail.net

오 정 환

모래 외 1편

수천 년 전
비바람 천둥에도 끄떡없었던
바위였다는 걸 알기나 할까

잠깐도
쉬지 않고 밀어 닿고 밀려나는
저 엄청난 물살의 힘

닦이고 깎여 돌멩이 되었다가
또 몇천 몇만 년 세월 지난 후
가벼운 흙먼지로
날아다닐 걸 알기나 할까

바위손

땅 속에
가느단 줄기 있다지만
이끼처럼 한 덩어리로 엉겨 붙은
저렇듯 치열한 삶의 실체

험난한 바위 비탈
작은 손바닥으로 기어오르며
제각각 하나씩의 제 하늘을 우러르며
비늘 같은 잎으로 더불어 감싸 안는
저렇듯 메마름 속 축축한 인정

마침내
허옇게 말라죽는
모두 한 덩어리 되어 떨어질 때까지

오정환/부산. 1981년 《한국일보》신춘문예 시 당선. 시집 『맹아학교』, 『물방울 노래』, 『노자의 마을』, 『푸른 눈』 등. jpoem h@hanmail.net

최 영 철

이것 외 1편

이건 그날 배와 함께 바다에 수장될 뻔한 것이었다 그보다 먼저 무수한 피와 땀에 절어 너덜너덜 펄럭이던 것이었다 침 뱉어 애지중지 가슴에 숨기던 것이었다 제 구명조끼 벗어 친구에게 입혀주고 있던 아이들을 인정사정없이 걷어차버린 것이었다 누구보다 먼저 젖은 몸을 말리기 위해 누구보다 먼저 뭍에 오른 것이었다 아무도 몰래 어두운 주머니 속에서 만지작거려진 것이었다 돌고 돌아 몇 개의 뭉칫돈으로 다시 만나진 것이었다 그 중 한 장 이제 막 자선냄비에 떨어져 휘둥그레 주위를 살피고 있는 것이었다 네 몸에서 아이들의 절규가 들린다고 그 옆의 것들이 일제히 비명을 내지르고 있는 것이었다 일제히 손사래를 치는 것들을 마구 짓밟고 있는 것이었다 이것이 젖으면 아이들이 떼죽음 당하는 일이 또 일어날지 모르니 방수 처리된 이것을 만들어야 한다는 주장이 제기되고 있는 것이었다

저녁이다

전투태세를 마친 파리가 비행 연습을 하고 있는 저녁이다
오늘을 허송한 내 팔뚝이 굽이치는 활주로가 되어준 저녁이다
그 뒤를 따라 온 모기 돌격대의 성대모사가 자지러지는 저녁이다
아침부터 시작된 바퀴벌레의 암벽타기 시범이 계속되고 있는 저녁이다
헤아릴 수 없는 총구가 오직 한 곳만을 겨냥하고 있는 저녁이다
각자의 일에 너무 바빠 훈수 둘 여유조차 없어진 저녁이다
분쟁의 소지를 만들어 보려고 달려온 구름들
일제히 공중낙하를 시작하고 있는 저녁이다

최영철/부산. 1986년 〈한국일보〉 신춘문예 시 당선. 시집 『금정산을 보냈다』『찔러본다』『호루라기』『그림자 호수』『일광욕하는 가구』외, 육필 시선집 『엉겅퀴』, 성장소설『어중씨 이야기』, 산문집 『변방의 즐거움』외. 백석문학상 등 수상. cyc5244@hanmail.net.

오 인 태

새의 어원 외 1편

하늘과 땅 사이
나무와 나무 사이
숲과 숲 사이
너와 나 사이

새가 날고 있다

지금은 서정시를 쓰기 좋을 때

중생이 아프면 보살도 아프다
인민이 슬프면 시인도 슬프다

네가 아프면 나도 아프다
네가 슬프면 나도 슬프다만,

오인태/경남 남해. 1962년 경남 함양 출생. 1991년 《녹두꽃》 추천 시집 『그곳인들 바람 불지 않겠나』 『혼자 먹는 밥』 『등뒤의 사랑』 『아버지의 집』 『별을 의심하다』등. 동시집 『돌멩이가 따뜻해졌다』, 산문집 『시가 있는 밥상』을 펴냈다. 〈작은詩앗-채송화〉 동인 ohit12@hanmail.net

정 의 태

희생자에 대한 슬픈 정의定意 외 1편

나무 그늘에는 분명
나뭇잎 하나의 그림자가 더해져 있다.

햇살이 땅에 내릴 때 흙이
햇살을 맞이하고자 눈 떴을 때나
땅이 햇살을 거부하는 날
햇살이 흙에 닿고자 아니하는 날에도

한 그루 나무에서 나뭇잎은
혼자이지 않았다.

그럼에도 나무라는 이름의 그늘에서
그림자라는 이름의 나무에서
저만의 이름으로는
존재할 수 없는 존재

시작始作의 유배

담장 아래 채송화 곁에 쪼그려 앉았던 남자
집안에서 아이울음소리 나오자 움찔한다.
아들이에요. 햇살도 뭉텅이로 올 줄 아는가
채송화 한 움큼 화악 거머쥐며 벌떡 일어난 그는
마을의 귓속으로 달려갔다.

있던 것 모두 솟구치고
없던 것 모두 돋아 난 그날
살거라. 살아가거라. 아이에게는 들리지 않는
칙명勅命이 있었다.

아이는 아버지, 어머니를 늘 어딘가로 내몬다.
아버지는, 어머니는 아이를
오직 한 곳으로 넣어두려 애쓴다.

구름이 두께를 과시한적 있었던가
바람이 갯수를 떠벌린적 있었던가
땅 위으로 솟구친 빌딩 층수는 잘도 헤아리면서
역사의 길모퉁이

저 숱한 설움의 벽은 지니지 못하였지

아이에게 가르칠 책들은 권력의 변덕에
변덕을 더하고
서랍에서 나온 아이들 계단을
헤아릴 줄 모르는 세상
아아. 유배지에서 유배는 시작점이다.

정의태/부산. 1992년 『한글문학』 등단. 시집 『세상의 땀구멍』 외. 〈얼토〉 동인. jetks@naver.com

이 종 만

슬픔 외 1편

진달래꽃
밭둑에 핀 배추꽃이
진달래꽃아 불러주길 바라고 있다
배추꽃은 진달래꽃이
배추꽃아 불러주기를 바라고 있다

서로가 서로를 불러주기를
기다리고 있지만
서로 불러주기를 모르고 있다
진달래꽃에 앉았던 벌
배추꽃으로 날아와
진달래꽃의 외로움을 전해주고 있다

서로가 서로의
외로움으로 바라보아도
불러주지 않고 있다
꽃은 슬픔으로 흔들리고 있다.

수평선

바람은 바다 너머
배 띄워 보내려
불고 있다

배의 선장은
흰구름이었다 선원은
갈매기였다

촛불 하나
나는 바라보고 있다

이종만/경남 통영. 통영시 사량도 출생. 1992년 〈현대시학〉으로 등단
시집으로 『오늘은 이 산이 고향이다』, 『찰나의 꽃』 등이 있음

김　백

사성암 四聖庵 외 1편

누가 부처님 눈썹 밑에다
저리도 아슬한 제비집 지어 놓았나
간절하면 업장도 소멸하는가
청태 낀 무욕의 시공에
천년세월 풍경처럼 걸려있네
죽고 사는 생의 일도
아득한 벽앞에선 다 부질없는 것
가을새 날아드는 붉은 오산마루에
부처님 미소가 노을처럼 흐르는데
수의囚衣입은 목어 한 마리
색계의 허무 딛고 서 있네

사성암 : 전남 구례군 문척면 오산鼇山에 있는 신라시대 암자.

물봉선화 찻집

미타암 가는 길
물봉선화 찻집 있네
산이 그리운 건지 물이 그리운 건지
가슴에 뜨거운 불佛 품고 사는 여자
처마 끝에 청화산방이란 찻집 이름
풍경처럼 걸어 놓았지만
입가에 번지는 물빛 미소가
물봉선화 피던 여름날 빨래터
그리운 누이 같아서
나는 물봉선화 찻집이라 부르고 싶네

어쩌다 산사 내려오던 마음이
비우지 못해 주저앉고 싶은 마음이
먼저 알고 들어서면
옥양목 흰 치마 먹물 번지 듯
그렁그렁 물봉선화 피어나네
소쩍새 울음 같은 물봉선화
하염없이 피고 진다해도
이슬에 맺힌 그 슬픔 건드리지 않겠네

홍자색 꽃바람에 가슴 저미던
첫사랑 기억도 건드리지 않겠네.

김백/경남 양산. 《문학공간》으로 등단. 공간마당 동인. 시집으로 『자작나무 숲에 들다』

강 미 정

용의자 외 1편

용의자를 검거하지는 못하였으나 계속
수사 중임을 통지합니다

파이프를 휘두른
용의자는 어디에 있을까

맨손으로 주워 온 은행열매가
인분냄새를 풍기며 푹푹 살이 삭는 것을 보면
월급봉투가 든 가방을 놓지 않으려고
질질 끌려가던 나에게도 저 냄새가 났었다는 생각
제 살을 발라먹은 지독한 냄새,
그것이 용의자를 불러들였다는 생각

저 냄새를 찾아가서 용의자를 검거했다는
메시지가 뜰 것도 같은데
남의 살을 만진 맨손에는 인분냄새가 떠나질 않고
온몸에는 옻이 올라 벅벅 긁은 자리마다
붉은 꽃이 핀 내가 용의자였다는 생각
평생 제 살을 발라먹은 움푹한 숟가락이었다는 생각

기억 속에선 항상 내 눈앞에 와서
무서운 파이프를 들어 보이는 용의자,

남의 살맛이 그만이라고 입술을 닦으며
지금도 겹겹이 가려진
용의자

누드크로키

읽고 있던 책 뒷날개 속에서
누드크로키가 방바닥으로 흩어졌다

가슴과 다리와 엉덩이만 있는
그림을 집어 들고
언제 나를 이렇게 다 꺼내놨노, 깔깔깔
여자인 내가 봐도 벗은 여자는 참 이쁘네, 깔깔깔
저 둥근 몸에서 생명을 만드시니
생명을 살리시니
우예 안 이쁘겠노, 깔깔깔

엄마는 흩어진 그림 한 장 한 장을
훑어보시며 나에게로 건넨다

일 분마다 포즈를 바꾸었어요,
가지고 있던 모든 포즈를 다 보여주었지만
빠르게 스케치할 수 없었어요, 호호
맨땅에 등을 대고 눕는 일처럼
도드라지게 당신을 읽어야 했으니까요, 호호

아주 어둡고 깜깜해서
굵은 선으로 그려야 했어요, 호호

가슴과 엉덩이의 붉은 속살을
두 손으로 받는다
당신이 지어준 둥근 이름이 환하게 흩어졌다

강미정/경북 경주. 경남 김해 출생. 1994년『시문학』등단. 〈빈터〉동인,시집『그 사이에 대해 생각할 때』『상처가 스민다는 것 』『타오르는 생』등 mij1421@naver.com

김 점 미

그러나… 너는 아니? 외 1편

언제나 이유는 양념처럼 많지, 봄꽃이 만발하여 제각각의 취향을 뽐내듯 이쁘고 얄궂은 생각들이 피어오르던 그런 4월이었지, 문은 여전히 닫혀 있고, 육중하게 닫혀 있고 사람들은 지름길을 포기한 채 길고 먼 과거로 돌아가야 했지, 과거로 가는 길목에는 수줍고 어리석은 바다가 파랗게 혹은 피같이 붉게 도로를 물들이곤 했지, 문을 지키지 못한 사람들은 때깔 좋은 노예가 되었지만 화려한 빛에 눈이 먼 탓에 서로의 얼굴에 스민 여린 틈을 보지는 못했지, 그렇게 봄이 지나고 여름이, 가을이 다 지나고 칩잠의 겨울이 오면 오히려 사람들은 안도의 휴식을 취했지, 문 안으로 제공된 결박의 술은 달콤하고 안락했지, 그러나… 너는 아니? 과거의 봄꽃은 미사여구처럼 지루하고 망친 요리처럼 짜증스럽다는 걸, 문 안의 생명은 순식간에 몰려오는 안개만큼 짧다는 걸, 황금빛 바다가 겨우 한나절 영광이란 걸, 쇠사슬에 묶인 자물통을 밟으며 당연한 문을 오가는 사람들의 퀭한 눈을, 기쁘게 즐기며 오후의 티타임을 보내는 누군가의 거대한 음모를!

행복한 도서관

문을 열면 연분홍 꽃잎 머금고 걸어오는 푸른 바다
봄 햇살이 꿈의 책장을 넘기면
신록의 아이들, 재잘거리던 입 감추고
조용히 서가에 둘러앉아
출렁 출렁 사람의 바다를 유영하고

서 있는 사람, 앉아 있는 사람, 누워있는 사람, 말쑥한 사람, 지저분한 사람,
동그란 얼굴, 길쭉한 얼굴, 웃는 얼굴, 찡그린 얼굴, 화난 얼굴, 행복한 얼굴…
개성도 생각도 다양하여 누구도 소홀하지 못하는 방에서

각기 다른 가방 꾸리며 떠나는 여행지
여기는 세상 한켠이면서 세상 전부이고
동양이면서 서양이고
오늘이면서 내일이고
현재이면서 과거이고
산 자와 죽은 자가 함께 모여

나른한 오후의 담소 즐기는

실명의 고통으로 쓴 축복의 시*를
재잘거리던 아이들은 느꼈을까,
아픔이면서 희망이고
지면서 다시 피는
이 방의 주인인 빛나는 저 아이들의
행복한 바닷가 도서관에서

* 〈축복의 시〉 호르헤 루이스 보르헤스의 시.

김점미/부산. 부산 출생. 2002년 『문학과 의식』으로 등단. 시인축구단 글발 회원, 시집 『한 시간 후, 세상은(2013)』, 글발공동시집 『사랑을 말하다』, 『토요일이면 지구를 걷어차고 싶다』 등이 있음.
kimjummi@hanmail.net

고 증 식

굿바이 병신년! 외 1편

어쩌다 물 건너 나가보면 묻는다
웨얼 아 유 프롬?
코리아! 나는 대답한다
그러면 또
사우스 코리아? 노스 코리아?
사우스 코리아! 더 큰소리로 대답한다
가끔은 이렇게도 묻는다
재패니스? 챠이니스?
나는 또 기분이 나빠져서
사우스 코리안! 사우스 코리안이라고!
아, 그러나 지금은 사이비가 말아먹은
병신년의 대한민국
재패니스? 하면 예스라고 할까?
챠이니스? 하면 땡큐라고 할까?
차라리 노스 코리안! 선수쳐볼까?
아, 이젠 정말
지긋지긋 헬조선 벗어나고 싶다
꽃피는 코리아에 한번 살아보고 싶다.

타박타박

엄마 따라 소 팔러 가던 길
엄마는 고삐를 잡고
열 살 나는 엄마 치마폭을 잡고
삼십 리 신작로길 타박타박
우시장 가던 길
한여름 뙤약볕 아래 매미는 울고
송아지 딸린 암소 한 마리 사서
다시 타박타박 되돌아오던 길
천둥처럼 트럭이 지나가면
엄마는 코뚜레를 바투 쥐고
겁먹은 나는 송아지 허리를 안고
잿빛 흙먼지 뒤집어쓰던 길
천방지축 들고뛰던 어린 송아지
저, 저눔 송아지
저 송아지 좀 몰아오너라
논두렁 가 샘물로 목을 축인
어머니 쨍한 고함소리 들리던 길
부사리 떼 넘쳐나던 장마당
그 우시장 근처 처마 밑에서

우리 모자 머리를 맞대고
김나는 국밥 한 그릇 퍼먹던
아버지 떠나시던 그해 그길 따라
어느새
오십여 년을 타박타박 걸어온 길

고증식/경남 밀양. 1959년 강원도 횡성에서 태어나 1994년『한민족문학』4집으로 문단에 나옴. 시집『환한 저녁』,『단절』,『하루만 더』, 시평집『아직도 처음이다』등이 있음. auraji@naver.com

김 준 태

낙동강 할아버지 외 1편

—요산 김정한樂山 金廷漢선생 탄생100주년 기념

흐른다 푸른 대숲을 헤쳐, 님은 흐른다
7백리 굽이굽이 먼 옛사람도 아우르며
아가의 얼굴 먼 미래도 손잡아 올리며
천년을 흘러, 흘러서 솟구치는 낙동강!

"네 이놈들, 물러 섰거라 세상천지 이곳이
뉘 땅인데 검은 겨울까마귀로 달려드느냐"
태백. 봉화. 안동. 예천. 상주. 구미. 칠곡.
고령. 밀양. 김해로 흘러, 사방팔방 맥박 돌아
부산포로 흘러, 태평양 삼각파도와도 맞서는

보라, 님은 흐른다 님의 자손들은 태어난다
백두정상에서 떨어진 물방울과 더불어 이윽고
하늘 먼 곳까지 흐르는 흰옷무리들의 낙동강!
7백리 마을마다 쩌렁쩌렁 울리는 소리 들어라

흘러서 더욱 반짝이는 첫사랑의 눈동자 낙동강!
도요새, 청둥오리 갈대밭을 헤쳐 가노라면 여기
손자들의 배꼽을 움켜쥔 할아버지 체온 뜨겁다

손자들 불알도 둥글게 키우라는 할아버지 한 분
오늘도 뒷짐을 끼고 어험, 어험! 큰기침 하신다

그래, 갈대밭에 뭇 별들이 우수수 쏟아지는 밤이면
우리들 낙동강 할아버지도 내일처럼 살아서 오신다
1908년 동래 금정산 마을에서 닭의 새벽 횃대 흔들며
태어나, 미수米壽에 낙동강 물줄기 되신 요산 선생님!
참으로 많은 사람들을 논밭으로 불러 곡식 기르신다

—일제강점기 소작료투쟁을 벌이는 〈사하촌〉의 치삼 노인
피붙이 누부를 찾아 〈사밧재〉를 허이허이 넘어가는 송노인
부성애의 표상처럼 흰 수염을 날리는 〈뒷기미 나루〉 박노인
사람목숨 더 중하다고 외치는 〈모래톱 이야기〉 갈밭새 영감
문딩이도 〈인간단지〉를 만들어 살자고 나선 우중신 노인

신분과 계급 뛰어넘어 역사와 역사를 결혼시키는 어머니,
수난의 세월 속에서도 가장 아름다운 여인으로 거듭나는
흰 저고리도 접시꽃처럼 향기로운 〈수라도〉의 가야부인!

흐른다 푸른 대숲을 헤쳐, 님은 정녕코 흐른다
낙동강 할아버지 요산 김정한 선생님도 그렇게
7백리 굽이굽이, 마을마다 쩌렁쩌렁 소리 울린다
방긋 웃는 아가 얼굴 그 먼 미래도 손잡아 올리며
천년을 흘러, 더욱 흘러 솟구치는 우리들의 낙동강!

님들이여, 그리하여 바라보고 또 바라보라
할아버지 요산 선생님이 가리키는 곳을 보라
도요새, 청둥오리처럼 이제 다시 날개를 쳐라
흐르는 낙동강 푸른 물결 속에는 아직 오지 않는
역사가 자라고 있다 아아 우리 모두 꿈꾸는 그날이
요산 선생님의 손자처럼 아장아장 걸어오고 있다!

부산에서 만난 詩

1. 남명 조식 南冥 曺植

선조대왕이
세 번을 불러도
관직, 응하지 않았다
남명 선생은
진주성晉州城을 지킨
의병 장군들을 기르고
가르쳤다.

2. 진주晉州

한반도
대한민국에서
처녀들이, 아
숫처녀들이
가장 많이 사는 고을
향기로워라, 진주!

3. 박원철 朴元哲

봉화마을에서
부산까지 달려온
산국山菊 한 송이
내 몰래 광주光州
우리집에도
모셔가리라.

*2016년 12월 20일,부산釜山에서 불현 듯 만난 사람들을 노래하다.

김준태/광주. 1948년 해남 출생. 1969년《시인》지로 나옴. 시집으로 『참깨를 털면서』『불이냐 꽃이냐』『국밥과 희망』『밭詩』, 산문집으로 『백두산아 훨훨 날아라』 등. kjt487@hanmail.net

강 영 환

종량제 비닐봉투 외 1편

종량제 봉투에다 나를 펴 담았다
잘게 부셔서 알아보지 못하게
물이 흘러내릴 낭패를 대비하여 휴지를 돌돌 말아
뼈와 뼈 사이에 끼워 넣고
생각이 빠져 나가지 못하도록 테이프로 밀봉했다
내 몸을 담는 데는 몇 개 봉투가 필요할까
귀중품을 빼낸 몸은 가볍다
부피도 턱없이 줄었다
그동안 체중감량 한다고 얼마나 힘들었던가
그 몸을 반으로 줄여 나를 담는다
작고 가벼운 비닐봉지에 담긴 몸이 날아간다
물은 다 빠지고 건더기만 남아 풍화작용에 든다
누가 수거해 갈 것인지는 상관하지 않는다
골목에다 내다 놓으면 바람이 데려가고
어둠이 데려가고 햇살도 데려갈 것이기에
그러다가 소각장으로 끌려가서
잡동사니들과 섞여 함께 태워지고
남은 재는 구덩이를 메우는데 쓰여지리라
기대하며 나를 펴 담았다 종량제 봉투에다

봄, 풋풋한 나물 맛

진시장 앞 난전에 펼쳐놓은 푸른 산나물
봄을 지키며 앉은 이갑분 할머니가
치마폭에 그림자를 모두 감싸고 앉아서
큰 길에는 그림자 없는 사람들만 다닌다
6월 항쟁 때 쫓겨 온 그림자들을 숨겨 주더니
얼핏하면 버릇처럼 치마폭에
그림자를 훔쳐 놓고 놓아주지 않는다
사람들은 그림자 없이도 쉽게 귀가한다
참취, 곰취, 냉이, 쑥, 달룽게…, 푸성귀들
숱한 이름에는 기다리는 빛이 숨어있다
나물 이름을 불러대며 호객하는 할머니가 파는
이른 봄나물에는 그림자가 조금씩 끼워져
봄나물과 함께 사람들에게 팔려 나간다
아직 봄은 당도하지 못한 들녘에 머물고 있어도
어느 젊은 부부의 식탁에 올라
체루가스를 떨어내며 매운 맛을 전한다
뜨거운 6월에 멈춰 선 눈물까지는
데려가지 못했는지 아침 식탁에는
주름지고 홀쭉한 봄이 만발하게 핀다

이갑분 할머니가 숨겨 두었던 그림자들이
병신년 어둠을 털고 일어나
들판에 촛불을 켠다
빛은 어둠을 두려워하지 않고
잃어버린 시간들이 봄을 향해 걸어간다
봄, 풋풋한 나물 맛에 이를 것이다

강영환/부산. 1977년 〈동아일보〉 신춘문예로 등단. 시집 『출렁이는 상처』 외 시조집 『모자아래』 외. 현재 〈얼토〉 동인 〈남부시〉 편집위원. 이주홍문학상. 부산작가상. 부산시문화상 수상 ebond@hanmail.net